A DIFFERENT
TRAVEL BOOK
BY MINI

秘境
城市微旅行

© MINI中国 主编

北京出版集团公司
北京美术摄影出版社

CONTENTS
目录

002_ *Foreword*
序一 一场关于城市微旅行的问答

004_ *Foreword*
序二 城市让旅行更美好

007_ *Beijing*
寻城北京

030_ *Ningbo*
藏起来的宁波

054_ *Chongqing*
重庆味道

076_ *Harbin*
黄金时代哈尔滨

098_ *Hangzhou*
杭州的禅与境

122_ *Tianjin*
津门传奇

144_ *Shanghai*
混搭上海

170_ *Beijing*
读城北京

188_ *Xi'an*
城墙下的西安

208_ *Chengdu*
成都老房子之旅

232_ *Shanghai × Beijing*
双城寻木

256_ *Beijing × Shanxi*
佛光寺：一步之遥

一场关于城市微旅行的问答

by
MINI 中国
_____

作为一个北京人，在什么时候能看到最美的故宫？

答案是：在走遍了世界之后。

因为只有读懂了地球上所有的美，才会明白我们生活的城市就是一个世界级的旅行目的地。

拥堵，空气质量和大而不当的马路固然存在，个别保存完好的历史古迹一样能让你收获在卢浮宫和冬宫同等质量的饱足感。

带家人在宁波度一个周末，哪本杂志能找到最好的旅行建议？

答案是：一个会玩宁波的家庭的旅行故事。

这本书不会给你10个餐厅推荐和5条行程规划，让你去看10本旅行杂志和5个网上论坛。他们会告诉你，我们经过了大量的研究以后选择了这样一条路线、一家酒店和3个餐厅，我们玩得不错，其中有几个地方特别值得推荐，你应该这样去享受。

早晨6点的西安，一个吃货和一个酒店控分别应该干嘛？

答案是：去逛西安城墙下的环城公园。听公园里的民间秦腔。

因为看似每个人都有不同的需求，但本质上挑剔的旅行者都有一致

FOREWORD
序一

的需求。一段真正的城市旅行应该包含每个感官维度上来自当地的大美。从山水、建筑、饮食、文化、物质到最重要的：人。

我们全部都需要，但只要最好的部分。

在自己的城市当一回游客，为什么一定要开辆MINI？

答案是：完全不需要。只要你的旅伴有意思、有格调、有脾气，它可以是你的双腿，一辆自行车，或者任何一种交通工具。

因为越是享受旅行的人，就越有可能具有同样的价值观；而旅行的时间越久，这种价值观就越发能深刻影响旅行者对待所有人、事、地、物的标准：美、有品质、有故事、有传承。

一场美妙的城市微旅行，没有既定的套路和答案。我们给"城市微旅行"这样一种定义：在自己居住的城市，选定若干绝佳去处，展开数天或半日的旅程；必不可少的旅伴，自然是一辆像MINI一样有意思、有格调、有脾气的车；至于意外发现，很可能是朝夕相处的城市不为人知的美。

你并非一定要按照这本书的线路行走，但是你需要用史诗般的高度和纳米级的精准，来开始策划你自己的城市微旅行。这样的旅程不能替代远行，但不输远行。

城市让旅行更美好

by 肖彦
《悦游》编辑总监

我总在想，究竟什么会成就一次伟大的城市旅行。

不知从何时开始，越来越多千篇一律、面目模糊的城市在中国次第出现，虽然他们中的多数都历史悠久、各赋特质，但现在却都表现出惊人的相似：CBD的摩天大楼间行走着西装笔挺的城市精英，交通到哪里都是拥堵不堪；大家疏于烹饪家传小菜，取而代之的是去星巴克、肯德基快速地解决午餐；没有几个人会唱家乡小调，城市中上演更多的是一场又一场"国际巨星"环球演唱会……

这难免让人沮丧。

我清楚地记得自己小时候做过的那个梦，我想象着有朝一日自己长大了，会神气地大步走进火车站售票厅办事员的高台子跟前，让他给我一张去到任何一个城市的火车票——就像电影《六福客栈》（Inn of the Six Happiness）里英格丽·褒曼饰演的英国女佣葛蒂斯那样，从此开始一段截然不同的人生。而现在，作为一个久居大都市的"城市动物"，我常在周末驾车去临近的村镇寻找远离城市的地方——是我已经淡忘了那个藏在自己美好的少女时代的城市之梦吗？没有。我知道那个城市之梦依旧存在。只是，单调雷同的城市生活把它封存起来了。要知道，在历史上，人们从不拒绝城市，甚至会近似疯狂地追捧都市生活。除了更多大开眼界的机会，城市还拥有无限的可能。这种未知最让人着迷。就像吉普林曾经写的："要去哪里找宝啊，你们这些大轮船／你们远行时，我该把信

FOREWORD
序二

寄往何方／我们要去墨尔本，魁北克和温哥华／地址请写霍巴特，香港和孟买。"

直至那一次，我在杭州遇到灵隐寺的宗淼法师，他谈及灵隐寺旁的法云安缦酒店和杭州，"就像看一个人在你的身旁修行，日复一日，年复一年，她变得越来越好"。随后，我去拜访了周边街巷中那些让人可以会心一笑的好去处：私酿桂花酒的私房菜馆，能透过大落地窗看到万亩茶园的小茶馆，一条串起龙井好地方的骑行步道让人不知疲倦……原来，这些伟大的城市正在悄无声息地动用潜藏的自身能量，努力摒弃那些乏味与单调，让自己变得更好，让生活变得更好。

如今，有更多的"城市见证者"愿意分享他们探秘每一座城市的心得，在这本《城市微旅行》中，那些微小而细腻的城市发现足以让我在灰色忙碌的都市生活基调中兴奋起来。它们是山西一座不为人知的古老寺庙，是北京近郊一间木制家具工作室；也是哈尔滨熙熙攘攘的中央大街上一间稍不留神就会错过的俄式餐厅；还可能是成都宽窄巷子里一间舒适的酒店——它们是一簇火种，轻易就会燃起我心中那个尘封多年的城市之梦。也许，那个梦，你我都曾有过。

希望你在翻开这本书之前，和我一样坚信：中国的每一座城市，都有更美好的未来；合上这本书之后，有种想上路的冲动。

MINI TRAVEL | BEIJING

用冯唐的话来讲，北京是个伟大的混搭城市。东城像民国、西城像苏联、宣武像朝鲜、崇文像香港新界、朝阳像火星暗面。然而，它无疑是丰富的。时间上，它的历史跨度很大，空间建筑上包罗了各种风格和主义；细密的城市路网，让人能在很短的时间享受到最丰富的层次；而"人"，这个城市中的第一要素，北京的五胡杂处，万邦来朝，高低层次所造就的丰富感，是哪个城市也比不上的。

在如此快速和现代的城市中，这些红墙黄瓦的屋顶和檐角悄然驻守在最市中心。它们带来了最本质的北京，最威严也是最温柔的历史片段。

BEIJING

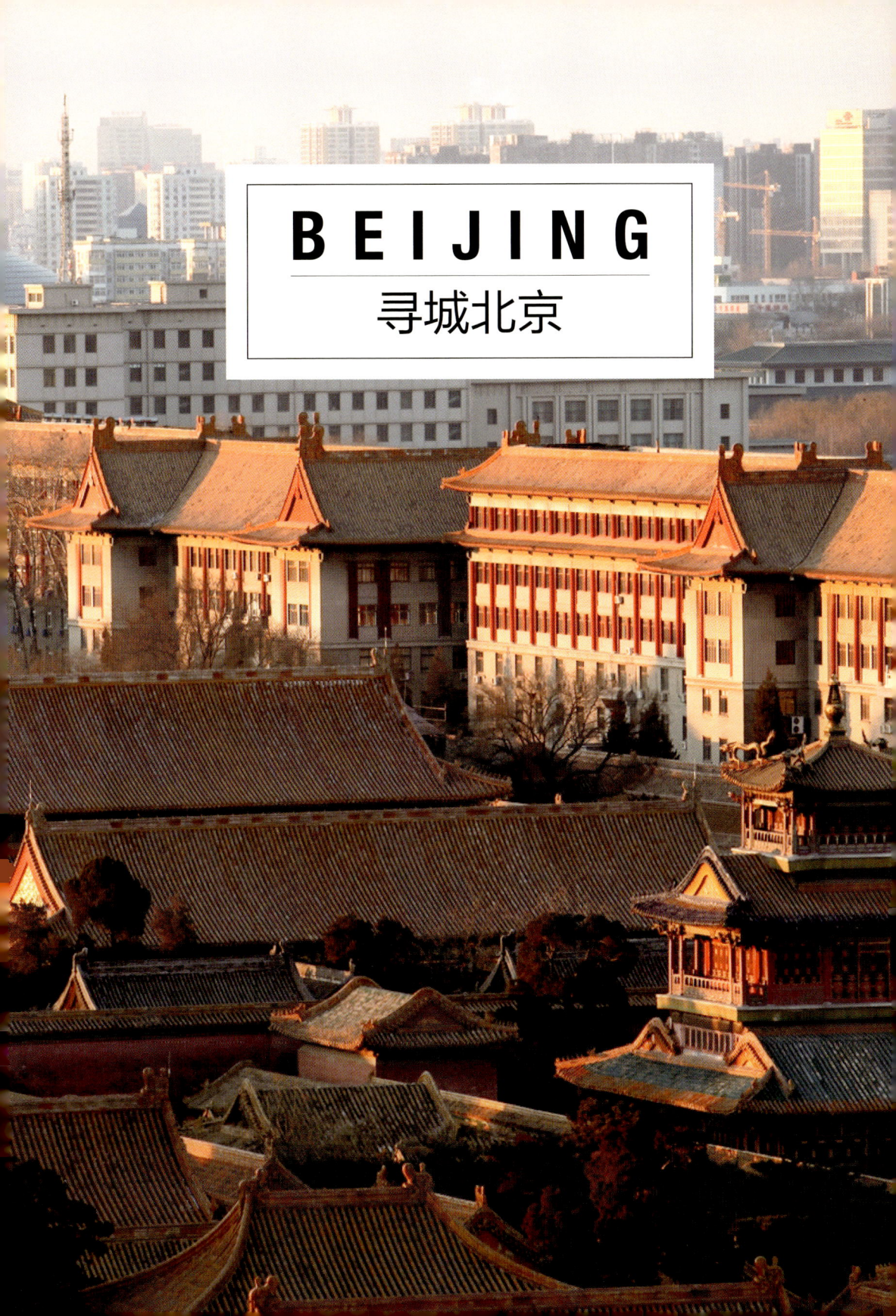

寻城北京

MINI TRAVEL | BEIJING

▲ 有时一个景，一幅画面，无须图注，就透露了这是北京。这幅"最美的北京"，足以让大半年深受雾霾困扰的人放弃抱怨。角楼的各部分比例谐调，檐角秀丽，造型玲珑别致，是紫禁城的标志，也是不可错过的北京一景。

▲ 冬日结冰的颐和园里，这是从西堤到十七孔桥之间的湖面。天气清冷像是永恒的早晨，安安静静。从春到夏，从秋到冬，西堤与湖面的关系不断变换，却是永恒的赏景之地。

有时我们会惊叹起外国人敏锐的观察力，尤其对一个城市的描述和定义，他们似乎总能发现我们不曾觉察的线索。就像何伟的《寻路中国》，或者更早的古伯察所写《鞑靼西藏旅行记》，他们叙述中的中国显得如此有戏剧性，如此生动精彩，好像我们第一次发现。

或许可以这样理解，他们是异乡人，必然需要调动所有的感官来闯进一种新的生活。即便面对我们司空见惯的场景，他们的眼光和讲述也更有民族地域的特殊性。这样的角度，仔细想来，我们也有过。就是当我们进入别人的城市里时。"用外来者的眼光"去观察城市，或许是旅行中诞生大量美妙体验感的充分条件。

以北京为例，在这座城市生活多年的人真的清楚它所有的美吗？未必。大部分的人甚至平添一种缺少方位感的迷茫。像是空气和水，日夜享用，从未试图用美或不美去评定它。拥堵、空气质量和大而不当的马路，陈旧冗繁的政府机构这种生活特点占满我们的头脑；对于城市美学，人们反而逐渐患上了一种"身在此山中"的感官丧失。

为了看到真实的北京，我们不妨先跳出北京。想想一般的旅行爱好者出行，都会做什么？读大量关于它的历史、风貌和故事；挑选一部描写当地人生活的书或电影；要看那些静默的景观、建筑和展览，还要想尽办法与人搭讪，通过他们了解这里最市井的勃勃生机。这个过程中，你在旅行中释放着对生活的普遍热爱和审美情趣，也逐渐形成一种看世界的独特方法论。以上种种模式，我们从未对所居住的故乡应用过。

所以对于北京，如果你不是一个陌生人，开启"RE－"模式是一个好概念。无论是"Rediscover"还是"Redefine"或者"Refocus"，它所拥有的丰厚文化和世界级文物景观都值得你重新打量。隐匿在老城墙根里的生活，围绕着紫禁城构建的中心美学，逼仄胡同里游刃有余的生存哲学，造就了一个个秘境之所，散发出人们对生活、对命运的理解力。两天、三天或者一个下午、两个小时，都不是重点，重要的是真正地静下来，当一次我们生活城市的游客。

DAY 1	14:00 下午茶	16:00 问诊	17:00 散步	19:00 餐饮	21:00 休闲	22:00 住宿
	京兆尹	正安中医	角楼	花马天堂	智珠寺	红墙景山花园酒店
DAY 2	08:00 散步	10:00 休闲	12:00 餐饮	15:00 品茗	16:00 购物	18:00 晚餐	21:00 住宿
	景山公园	东街三号咖啡	满福楼	留贤馆	失物招领	前面M餐厅	皇家驿站

CITY GUIDE of BEIJING

关爽

满族瓜尔佳氏族，国内历史最久的基金公司的大客户总监，爱漂亮、爱旅行，最欣赏城市中充满灵气的树木，喜欢录制来自大自然的声音

CITY GUIDE of BEIJING

李铭

涉足于图书出版行业，喜欢徒步旅行，喜欢老城市。坚持做慈善，持续为16所贫困小学捐赠图书馆

CITY GUIDE of BEIJING

LV

北京姑娘，从电信行业销售总监转身为NGO管理负责人，同时打理着一家创业公司，爱好传统文化和中医，喜欢在繁忙日程中见缝插针地享受生活

09 满福楼
07 景山公园
03 角楼
① 西单文化广场
前门M餐厅 ⑫

- 地坛公园
- ⑪ 失物招领
- ① 京兆尹
- ⑩ 留贤馆
- 国子监街
- 孔庙
- ⑤ 智珠寺
- 工人体育馆
- ⑧ 东街三号咖啡
- ⑥ 红墙景山花园酒店
- ② 正安中医
- 中国美术馆
- 朝内大街
- 日坛公园
- ① 王府井
- ④ 花马天堂
- 北京站
- ⑬ 皇家驿栈酒店

MINI TRAVEL | BEIJING

▲ 隐匿在胡同里的红墙花园景山酒店，"胡同是前台，景山是花园"。破旧之中蕴藏着高品质的生活，这种混合最接近于北京的本质。如今这样根植于本土文化中心的小规模舒适酒店在全球越来越风行，它为居住者带来了探索当地传统、民居文化的附加值。

关爽
基金公司大客户总监，爱旅行和树木

这样的酒店在全球的模样都有几分相似：小规模，靠近所在城市历史和文化的核心地带，卖的不是舒适，是出门就是风景和风情的地段。欧洲无数老城区里的小酒店，都是这个路子。

红墙景山花园酒店
低调贵气的三眼井胡同

带领我们游走这条路线的是个"三人参谋团"：做图书出版行业的李铭，他爱好徒步旅行；李铭在2005年走茶马古道时认识的小关；以及小关的好朋友LV。三人在旅行这件事上有着出奇一致的爱好和品位。每一站都是精挑细选和综合碰撞后的结果。开车上路，他们首先把车开进了三眼井胡同。

三眼井胡同是因为在乾隆年间，胡同里有一口三个井眼的水井而得名。它紧挨着景山公园的东北角，明、清两代，它都属皇城内。三眼井胡同61号院，曾是毛泽东早年在北京图书馆工作时住过的地方。把地图一点点缩小，三眼井胡同几乎就在偌大北京城的最中心位置上。2005年，这里启动了改造工程，保持了胡同和建筑之间原有的尺度和比例关系，并通过院落的出入闪躲和房屋的高低错落，营造出自然的和谐氛围，保持了原有的城市肌理和历史厚重感。改造后的三眼井四合院被很多名人买下，住在这里是名副其实的低调奢华。

和全世界的旅行者抢房

"三人行"最终把车停靠在胡同内，来到胡同中的红墙景山花园酒店办理入住。尽管隐藏在难以发觉的小胡同，这家小而精致的酒店却非常火爆。2012年，它荣登Expedia网站50万用户评出的"世

▲ 据说，北京现存最好的街道都是设计给百年前的人和马车通行的，所以今天，要真正地认识北京，你要么选择步行，要么骑辆自行车，要么开一辆有意思的小车，来一趟北京微旅行。

界最佳酒店"榜单，在TripAdviser上的排名也居于北京4000多家酒店的前15名内。有很多人奔着体验四合院的生活而来，如果想来这里住，那必须要提前数周预订，因为世界各地的游客都会在同一时间和你一起抢房。

整个酒店利用四合院改建而成，只有上下两层，一共20套房间，有的房间可以看到景山公园的景致，有的则可以享受院落中的鸟语花香。房间的陈设以木式的仿古家具为主，散发着樟木香气的大衣柜把人的思绪带回民国，配上窗外的风景，的确是十足的老北京人家的感觉。尤其是在夜色迷蒙中走回巷子深处，手扣门环带出闷响，吃力地推开滞重的雕花木门，眼前的世界顿时变得宁静极了。三人各自占有了一间房，有两间房的浴室竟然有些土耳其风格。

皇室的射箭场

酒店之外的景山东街，白天和深夜走走的感觉很不同。白天，这里是人潮涌动的热门旅游地，街道两侧挤满了烤鸭店和廉价礼品屋，晚上人散去，这里才终于呈现出它最本质的一面。这里原本属于皇家禁苑，在今街东大约30米处为禁苑的东墙。东墙以内，建有供禁卫军瞭望的岗亭以及射箭所，平时皇帝在此游玩，或检阅八旗子弟演习射箭。与四合院的传统民居特色相比，这里依然弥漫着皇城的威严和神秘气息。

▲ 一条街给人的感受，很大程度上会受树左右。即使是在漫长的严寒时节，鼓楼东大街的行道树露出最本原的斑驳肌理，它们和路灯一起构筑了这条街的重要景观。

MINI TRAVEL | BEIJING

▶ 京兆尹的室内设计者是北京建筑师张永和，他延续了自己对四合院空间的研究，将两个庭院作为餐厅的核心，其中一个保持原貌，作为室外空间；另一个添加了玻璃屋顶，成为就餐区。

刘晓光
时尚生活概念店公关总监

将市井之物搬上大雅之堂考验的是本事，要能惊艳而不掉价，完全取决于品质和细节。拿京兆尹举例子，将驴打滚、绿豆糕等本土食物做成Chinese High Tea搭配中式茶，好吃不做作，最好不过。就像老话，原汤化原食一样，在精致四合院吃"宫廷"美食，那才是心水。

MINI TIPS

京兆尹

京兆尹创办人尹鸿达是一位京剧迷，与蜀人张大千同为饕客兼票友，店名"京兆尹"即为张大千先生所题。1978年张大千书"故都风味""涵稣"赠与台北京兆尹，今两幅书法真迹现于北京京兆尹，被视为镇店之宝。

京兆尹
张永和设计的四合院餐厅

京兆尹原是古代官名，相当于今天的北京市市长。1966年，创办人尹鸿达为解思乡之情，在台北创立了同名的餐饮品牌。2012年，京兆尹重返故里，请来在北京的著名建筑设计师张永和进行餐厅设计。这座两千多平方米的三进仿古四合院神秘隐藏于二环的喧嚣之中，入口处纯白色影壁上由张大千题写"京兆尹"三字，朴素又醒目。迈入窄门，穿过灰砖石板的竹林长廊，一切如世外桃源般豁然开朗。除了树影婆娑的外院和玻璃顶封闭而成的观景内院外，由碧竹、白石、轻雾构成的侧院创造了缥缈古典的空间氛围，充满中式元素同时又富有现代感。

京城最高端的禅意素食料理

京兆尹是京城里最高端的四合院素餐厅，西邻孔庙和国子监，停车场车位很少并且也需要提前预订。菜品掌门人慈实是个曾出家再入世的中年男子，将禅意和养生糅入蔬食中，又将米其林菜谱的摆盘审美融汇到餐厅里。京兆尹的餐台上摆满了从世界各地严挑细选的天然植物性食材，除了不使用任何化学添加剂的要求外，这里还有一套汇总了国内外最严格标准的食物制作标准体系。三人来到这里下午茶，色彩鲜美的小食配上清香茶点，缓慢时光中，每人都放弃了电子产品，捧上一本书专心阅读。偶尔抬头，发现白色纱帘外能

▲ 斜阳下，角楼的轮廓与褪去繁华的树枝构成了最北京的味道。在不堵的情况下，开着车一遍遍沿着故宫红墙行驶，去看近在咫尺的角楼风景，感觉非常棒。如果到了下雪的冬天，沿着筒子河走到端门的广场，这条路在静美中透出的北京味道也是难得的风景。

望到旁边雍和宫的红墙金顶。这种惊喜真的是独家。

京兆尹的菜品范围较一般素菜馆更为宽泛，既使用小五荤，也供应蛋奶素，它更像是无国界蔬食料理的推广者。创始人与张大千交好，张府的私房菜单也成为京兆尹主厨参究的食林秘籍，包括素黄雀、六一丝、火靠笋及豆泥蒸饺、煮元宵等。

角楼
北京最美的建筑

冯唐曾提到过，东华门-午门-北长街-角楼-景山前街-景山，这段路是他很爱的路。每次走这条路线时都有两个感觉。第一是美，北京被毁了很多，但是还剩下不少具有惊世之美的建筑，就像故宫的角楼。"这种东西的美很难形容，你需要做的就是静静地去看它，在不同的天气、不同的时间、带着不同的心情去看它。"第二是，行走在这里，围绕着上百年的历史，能让人在一个大跨度的时间里沉淀，更能想清楚什么是最重要的，什么是值得珍惜的，回归最基本的常识，学会看开。

景山揽夏，角楼听风。人说故宫角楼就是一个百搭的背景，无论晴天雨天和下雪天，它都自有一番气势。配蓝天则庄严万里，配阴云则雷霆含怒，配晴雪则雅致端庄，配雾霾则内敛深沉。它总能唤起人的内心里最让人动容的那点情愫。

MINI TIPS

正安中医馆

养生中医爱好者LV带我们去了一个谁也料不到的地方：正安中医馆。它离故宫东北角楼不远，由知名媒体人梁冬创办。这里不像医馆，倒像是个中式的会所。四合院的中庭变成了有玻璃顶的等候区，有wifi，有书读，有茶喝，自己再带一个iPad，足以打发候诊、划价和抓药的等待时间。看着各式味道浓烈的中药被抓起，称量，再研磨的过程，如同看着一门距我们越来越远的学问。

015

MINI TRAVEL | BEIJING

▲ 从花马天堂一个露天的平台看出去，就能够看到这弥足珍贵的一幕：树影掩映的正阳门城楼屋顶。若是取消那屋顶的一排发着光的电灯，只留下城楼深刻的阴影和轮廓，该有多好。

▲ 看得见天安门风景的前门23号是京城最高端的精品消费场所之一，这里展示着新一代精英阶级的顶级生活方式。

花马天堂云南餐厅
从前门23号迈入上流社会

花马天堂选址于租金不菲的前门东大街23号，是这里唯一的中餐厅，价格相对亲民。前门23号从来都是一个代表"上流社会"的地方。1903年，建筑师Sid H. Nealy代表美国政府在这里修建了美国驻中国公使馆，5座低层建筑围着中央一块3000平方米的草坪，展示了新古典主义的西方建筑设计风格，成为东交民巷一带地标性建筑。后来这里曾作为国宾馆使用，周恩来在这秘会过基辛格。如今，香港设计师梁志天对这里的老空间和政治背景进行了国际化、商业化改造，聚集了包括世界顶级餐厅、奢侈品旗舰店、当代艺术中心、多功能剧场、商务俱乐部等在内的京城最高端的消费场所。

花马国的味觉体系

"花马"取自丽江的古名"花马国"，一提到花马天堂，的确让人想起云南的碧山白云。餐厅以云南少数民族饮食风味为基础，还包括了滇藏茶马古道上的藏式食物，以及同为热带雨林地区的缅甸、老挝的餐饮风格。从云南原产地空运来的各种热带香料是花马天堂食物的灵魂，缅式蟹肉饼、鸡枞菌拌什锦菜、藏烤羊小排、丛林芭蕉蒸鳕鱼……再来一壶特调普洱茶，浓烈口感通过普洱的洗涤，味觉的敏感度还会很快恢复。

从这里回到云南

这里的气氛更适合晚上前来，如果到得早，大可先在门口处绣工精细的瑶族沙发上发呆到暮色降临。入夜后餐厅显得越发神秘，暗红光照下，香茅草幽幽异香漫入鼻腔，拨动人心的梵乐入耳，一列列祭祀面具浮入视野。打量墙面，整齐镶嵌的压花方块，仔细看竟然全部是普洱茶砖。移至二楼，这里有一个半开放散座，一溜长桌，若天气晴好，还可以在二层的露台坐看云染夕阳。

餐厅里充满了各族文化图腾的元素：藏式玛尼塔造型的银色盘罩包裹着铜制餐具，灵感来自景颇族的木制落地烛台灯，吊灯与餐桌上的餐具盖相互呼应，源自香格里拉的寺庙。除此之外，很多人都喜欢慢慢欣赏餐厅里布展的云南主题摄影作品，它们让整个餐厅沐浴着来自高原的气息。

▲ 随处可见的画架以及可以出售的摄影作品，成为了花马天堂前门23号店的标签之一。

▲ 若是常客，大概都有自己心仪的位置，也大多知道201号桌不好预订。只有坐在这里，可以远远地眺望到窗外的箭楼，属于北京的箭楼。

◀ 从零落复古的古寺进来，直接面对这现代的吧台。德国的灯光大师为修复后的寺庙群设计了充满诗意的灯光效果，坐在吧台上可以边品酒边欣赏这玄妙而空灵的神韵。

王路阳
时尚男性刊物生活方式编辑

Temple的前身是一座破庙。进入餐厅前一段人间小路好比朝圣，会经过胡同居民真实的日常生活，尽头即是高大上的法式料理之境。一般来这里都是午餐或者下午，晚上来会比较聊斋。

MINI TIPS

比雍和宫地位还高的智珠寺

智珠寺与东侧的嵩祝寺曾经是北京最重要的藏传佛教圣地，其历史地位曾在人们熟知的雍和宫之上。2012年，对智珠寺的抢救保护工程获得了联合国教科文组织"亚太地区文化遗产保护奖"，它成为古建筑保护的一个极为成功的范例。

TRB
古寺中的法餐厅

TRB全称Temple Restaurant Beijing，"北京古寺餐厅"名副其实，投资者和古建专家历时4年，对600多岁的智珠寺建筑群进行了改造，并在院子里建起了这座法餐厅。餐厅的天花板保留了原古寺建筑中的木梁结构，水泥吧台和暖灰色的餐桌又突出了法式西餐的高雅。自开张以来，餐厅得到了很多外国名厨的捧场，每月的客座厨师来自世界各地，他们带着各自的手艺和食材，让TRB的味道不断丰富，也让这里成为一个世界范围的厨艺交流中心。

智珠寺内的酒吧

智珠寺在故宫东北角，景山的东沿，幽静矗立在北河沿蜿蜒曲折的胡同深处。凛冽夜风中踏着干枯落叶而来，与烤串店、理发店和水果摊擦身而过，满腹狐疑地走到路的尽头才发现别有洞天。大拱门处摆了一架老式的白色雅马哈钢琴，院内八个半蹲状的人形灯环成罗汉阵，汗毛微竖，再往前走就看到殿宇入口玻璃门内透出的红酒瓶柔光和青铜色金属酒架。酒吧在TRB 餐厅的一角，它最引以为傲的是葡萄酒品类繁多，目前藏酒有1000多种。

展览空间

古寺的三间厢房被打通成为TRB的一个独立展览空间，巨大的落地窗与古寺环境形成强烈的对比。展览空间常年展出各类现代艺术作品和精品收藏，比如印度古董地毯收藏展和外国摄影师镜头下的中国影像等等。因为与餐厅共处一个空间内，展览区显得尤为宁静，随着知名度的不断提升，TRB受到很多明星和商界人士的推崇，很多品牌的新品发布会都选择在展览空间内举行。

▲ 坐在TRB的吧台上，能望见外面智珠寺大殿的屋顶。一边喝酒一边目睹几百年前古老的景致，总让人感恩。重获新生的古寺建筑群现在变成一个充溢着浓厚文化气氛的商业艺术场所。建筑师精心修复了被烧毁的寺顶，使得尘封几十年的梵文画作得以复现，格调高雅的法式餐厅和现代艺术展馆映衬了古寺的宁静，这种时空穿越感似乎令历史上曾有过的最美好的夜晚，最难忘的梦得以重现。

MINI TRAVEL | BEIJING

▲ 景山公园虽早已不是这座城市的制高点，但它仍是俯瞰这座城市的最佳位置。景山顶的万春阁总是人满为患，但并不会影响你观看的视野。下山之后别忘了好好欣赏一下公园本身，这里的亭台宫殿和种类丰富的植物非常值得一看。

景山公园
清晨的景山

李铭绝不想错过清晨的景山。景山公园六点半开门，拉胡琴和吊嗓的人们早早过来，唱京剧、唱红歌，乐在其中，遛鸟的老人在东门的树上挂上了一排排鸟笼，小鸟儿唧唧啾啾地扯着嗓子竞赛，是京城里最有代表性的画面之一。人年轻的时候多半不屑于这种"世俗之微"的生活，然而随着年龄越大，越是发现这些声音和景致中的韵味，甚至开始珍惜这现实中的艺术之美了。

景山的花木果树非常多，这里有银杏园、海棠园、牡丹园、桃园、苹果园、葡萄园、柿子林。花卉草坪繁盛，有树木万株。即便是冬天的早晨，也不妨沿着石阶看看那些古树枝条的各异姿态。景山东麓有一株向东倾斜的老槐树，是明崇祯帝自缢的地方，也是这儿的景点之一。

不是秘密的最佳观景台

"三人行"曾分别来过景山多次，但直到今天才发现这样一张地图，上面标注着：北京城的中心点不在故宫，不在天安门广场，而在这里，景山。景山顶上的万春阁曾是京城里的制高点，虽然它的高度早已被无数次超越，但这里依然是全北京无可替代的绝佳观景平台。景山位于北京的中轴线上，是当之无愧的城市中心，无论望向哪个方向，都能感受到北京在历史的车辙中不断前进。

MINI TIPS

东街三号咖啡馆

景山东门外有家名叫东街三号的咖啡店，店主是一位有20多年经验的建筑师，把家里的老房子改造成一家洒满阳光，可以坐看树影婆娑和人来人往的温馨小店。店里有两只可爱的猫咪，一只叫拿铁，一只叫卡布。

▲ 各种年代久远的屋顶和翘角是北京最美的风景之一。望向景山的北面，红墙黄瓦西北方的凉亭屋顶就是著名的满福楼火锅了，在那个景观平台，同样拥有着景山、北海、CBD、中轴路等各个方位的观景视野。

清晨、黄昏和深夜都是在万春阁欣赏这座城市的上佳时机。向东南方远眺，是CBD的数座高楼和商业繁华，在清晨的车流和深夜的灯火阑珊之中运行。南面正对着故宫的后门，许多游客都愿意上来俯瞰故宫全貌。以西是白塔和北海，中南海和遍布夜店的后海之间形成了一段颇为宁静的水域。往北，鸟巢和盘古七星酒店又代表了这座城市蓬勃生长的新历史。

满福楼
涮羊肉"软切第一家"

体验老北京，必然要体验正宗的老北京涮肉。地处龙脉地安门大街上的满福楼名声响亮亮的，创立于1991年，从一家最初只有12张桌子的小店，发展到今天国内外政要纷纷慕名拜访，这便是美食的生命力。满福楼接待过很多国家领导人和外国政要、知名人士，连战夫妻就在此用餐。但价格上，可没有高不可攀，一直保持亲民，所以普通工作日来这里吃中饭的人也愿意排队到下午两点。

满福楼最有声誉的特色莫过于"软切第一家"。涮羊肉的切法分为冻切和软切，在冰箱发明之前，一律软切。对切肉师的要求极高。羊肉片需要"薄如纸，形如帕"。如今满福楼放弃机器，坚持软切，坚守传统让越发挑剔的美食者们趋之若鹜。

▲ 满福楼里雕梁画栋，处处彰显着皇家风范。1991年，满福楼在爱新觉罗·溥杰的指导下创立，特色的清代宫廷紫铜小火锅复原了清皇宫里的涮肉风味。

021

▲ 留贤馆在国子监大门的正对面，是这里极为应景的一座茶馆。茶馆的设计极富禅意，墙上的一幅丰子恺所作《杨柳岸晓风残月》让茶馆浸润着一种感伤的清丽气氛。

蔡韵
定制旅行"无二之旅"联合创始人

作为在国外游荡了10年归来的南方姑娘，却被国子监里特有的老北京历史感吸引。热闹又清幽的国子监，傍晚时分最美。可以迎着夕阳踩树影，看朱红大门碧绿琉璃瓦；街边的国学书店可以淘两本古籍，市中心里有这样一份典雅质朴实在难得。

留贤馆
绝无仅有的老茶馆

留贤馆已经开了近15年，它的主人史涛涛是位低调的古典美女，自信在北京城里，没有几家茶馆能持续做上15个年头。早在2007年，留贤馆就被美国《时代周刊》评为了亚洲十佳都市隐居地之一，这种评价也正如主人所愿，她希望来到留贤馆的茶客能把这里当做家里慵懒的书房。当然，茶客们热爱留贤馆更主要的原因是茶，留贤馆的茶常常被茶客们形容为是"绝无仅有"，尤其是绿茶青螺黛和乌龙茶莲花观音，都是按照主人的特殊要求炒制而成的，喝起来有股轻柔的香气。

古董、木头与装饰

馆内充满了中国传统文化的韵味。竹帘低垂，与木制的多宝格一起，自然地将大厅分隔开来。茶客进门便能看到一面巨大的镜子，红棕色的镜框雕刻着复杂的花饰，那是史涛涛亲手在木头上画出图案，由木匠雕刻而成。多宝格上面摆放着各式紫砂壶，都出自江苏宜兴的名家之手。而最让茶客们喜欢的还是那些古旧的雕花睡榻、樟木箱子，都是史涛涛从各处淘来的。还有些家具由她亲自设计，降低了高度的圈椅、状若祥云的书架，一切都显得古色古香。

▲ 失物招领是一个适合怀旧的场所。设计师不断强调旧物的美感和使用者留下的印记，虽然城市的快速变化让那些原本美好的生活场景逐渐消失了，但这些怀旧物品能让人再次体会到那种温暖的感觉，找回曾经遗失的幸福感。

失物招领
有情感的居家空间

失物招领的店铺装修充满了怀旧复古的气息，天花板上挂着白色吊灯与老式的大灯泡，窗台上摆着20世纪五六十年代的热水瓶、老式缝纫机、搪瓷水缸和木制勺子。取名失物招领，其实是想表达设计师对旧物的喜爱。

它们的产品册子上写："我们的家具简单、朴素、平常，尽量使用实木。灵感来源有时是胡同口一把无人认领的破旧的沙发椅，有时是那些在街上下象棋的大爷坐的小板凳。从很多五六十年代的中国老家具中，我们感受到中国人克难、乐观、简朴的生活态度，和现在快速消费的方式截然相反。用心做出好品质的家具和衣服，让使用的人怀着珍惜的心情使用，失去的情感由此寻回，这整个过程，我们称之为'失物招领'。"

除了自己原创设计的家具产品，失物招领还与SyuRo、Fog Linen Work、AIZAWA等国际知名生活类品牌合作，在店内代售其商品。虽然商品定价都比较高，但这并不影响它的销售量，顾客大多都是一些非常追求生活品质的人，懂得审美，职业也以艺术家和设计师居多。

葛峰
土豆网原创频道主编；"推浪"创始人

紧挨国子监有另一条胡同叫方家胡同，游客却少得多，胡同里除了三两小店之外半数之上仍是老北京住户。良心烧饼店还卖几毛钱一个的烧饼，夏日傍晚有老头老太太在门口摇着蒲扇唠嗑儿乘凉，46号院虽有小798之称，但远没那么人多嘈杂。尚剧场看个话剧，猜火车看个独立电影，一个悠哉的下午就过去了。

MINI TRAVEL | BEIJING

▲ 前门M餐厅(CAPITAL M)是一个慢性子，为了等待前门大街2号这个"最北京"的位置，据说花了整整7年时间。把北京最有代表性的前门当作了背景，走上露台能够看见正面的正阳门古楼、天安门、毛主席纪念堂，天气好的时候还能看到景山。晚上这里则是欣赏夜色中古老北京的最好露天酒吧。

▲ 皇家驿栈前门店的旧址曾经是老北京的老字号浴池——兴华池。为了延续它本身的气质，这家酒店的设计处处与水有关。顶层的露天泳池带给人的体验很美妙，泡在泳池里抬头便是近在咫尺的前门大街，正阳门箭楼以及天坛祈年殿的顶部。作为北京唯一的恒温露天泳池，这里也提供观览夜景、雪景的超大视角。

▶ M餐厅的色调明快，让它从高高在上的形式感中解脱出来。餐厅内那幅长达50米的绚丽壁画《旅程》，是专门邀请奥地利画家亲自绘画上去。它的原型来自16世纪一幅关于中国河流的古典油画。轻松、趣味的色彩给人以现代摩登的感受。

Capital M
一座城市、一家餐厅、一个标志

M餐厅只想成为一座城市的标志。掌门人Michelle Garnaut 20世纪80年代成功改造了香港第一家M餐厅，她的风格就确定了：在一座城市地标性的建筑里，成为独一无二的存在，哪怕需要漫长的时间。10年之后，上海外滩M餐厅及魅力酒吧惊艳亮相；又是10年之后，她一见倾心北京中轴线所在地前门，成为全新M餐厅的选址。坐在M餐厅露台上喝下午茶，看着这条超过600年历史的前门大街，眼前是正阳门古楼，就明白M餐厅的良苦用心了。

不止于餐厅，还是美术馆和艺术中心

M餐厅并没有止步于一家优质餐厅，最难能可贵的是它坚持了几年时间每周推出一个有品质的文化讲座。话题中，既有关于北京这座城市的建筑变迁，也有关于"文革"前社会制度的讨论、刘香成的摄影作品展示等。还有优秀的设计话题，例如著名设计师艾布·罗杰斯的讲座和北京国际设计周的活动。它为高品质活动和学术交流提供了一个平台和空间，就如美术馆和艺术中心所做的那样。餐厅推出了一本2014年的精致日历，里面涵盖了各种丰富有趣的表达，光是利用纸张做的特殊工艺就堪称工艺范本了。

皇家驿栈
故事、传奇和历史交错的酒店

鲜鱼口街87号，是皇家驿栈前门店。这个地方曾是北京老字号的浴池，因此酒店的设计跟水发生了密切的关系：雨巷、雨幕、瀑布、热泉、雨露、云雾、氤氲等，能看到很多与水有关的自然效果。最传奇的部分当数顶层，非常棒的露台餐厅，以及一流的露天泳池，可以看见近在咫尺的前门城楼和正阳门箭楼，以及稍远处的天坛祈年殿。让人感觉自己在最古老的北京建筑群中畅泳。

MINI TIPS

皇家驿栈故宫店

皇家驿栈的故宫店最适合有晚霞的黄昏光临。它在骑河楼街，与乾清宫一墙相隔。德国设计师将客房设计得摩登中又有古老的影子，紫禁城的色彩、故宫檐角的线条都延伸进了酒店中。每一间房都用皇帝的名字命名。站在这里的露台上，感觉可以用手触摸到故宫的屋檐。天台的饮吧视野绝佳，可以把皇宫中的景色、北海公园的湿气和西山磅礴的线条随着杯中的酒一同喝下去。

MINI CITY GUIDE | 在北京，你还可以去这些地方

1 　🍸 酒吧

云酷

它是北京城中离月亮最近的酒吧。"身高"330米的国贸大酒店，京城第一高楼，坐着国内最快的电梯，用10米/秒速度"飞"到80层，就是云酷。它是观赏北京夜景的不二之选，在环绕的落地窗外，矩形城区结构展现在眼前，城市夜色是你品酒时的背景，鸟巢、水立方、国家大剧院等地标性建筑尽收眼底。设计师甚至将"天"的概念植入到装潢中，用吊灯把天花板打造成一个繁星闪烁的夜空。

2 　🍴 餐厅

Alfie's Beijing

延续了同样的英国绅士派头，Alfie's Beijing是Alfred Dunhill全球第四家品牌概念餐厅。英国菜也可以很好吃，主厨把传统的街头小吃fish and chips升华，改用更富含汁水和弹性的银鳕鱼，结合分子料理技术，在炸鱼身上裹一层黑色的海盐和白色的巴萨米克醋晶，口感更为华丽。在餐厅的露台可以看到芳草地商场中展示着的达利等艺术家的作品，吃饱了直接去二层的品牌旗舰店逛逛，看看Dunhill的最新产品，享受各种定制服务。

3　时装概念店

薄荷糯米葱

或许因为主掌人是跨界媒体人洪晃，这家店天生带着股子先锋和随性范儿，即便在潮店林立的三里屯也是独树一帜的。特别的是，中文名"薄荷糯米葱"，诞生于一顿饭中的配料。这家有当代意识的中国原创设计店，出售陈平、叶谦、刘清扬等100多位新锐设计师的作品。专注于设计的独特性，可穿性又强。店面陈列设计由"中国现代主义建筑之父"张永和操刀设计，特别值得一逛。

4　设计书店

Book Design Shop

大栅栏附近的杨梅竹斜街以前就是一条出版商业街。民国时期，不足500米的街道容纳了世界书局、中华书局、环球书局等众多当时叱咤风云的出版机构。如今原研哉为这条街重新设计了形象，一跃成为当下最新的独立文化街区。"书的设计店"是这条街里以阅读为主题的设计店铺。店主Tony从事杂志编辑工作多年，在北京的微型胡同里，给人推荐来自世界各地的精彩书籍和创意刊物。

BEIJING LABEL | 北京风物

老酸奶 　　　　　北京吉普 　　　　　北冰洋汽水

拨浪鼓 　　　　　二锅头 　　　　　铜火锅

豆汁焦圈 　　　　天安门 　　　　　中南海

插画 by 郭静

INDEX | 索引

HOTEL

红墙景山花园酒店
Add：北京市东城区景山东街三眼井胡同68号
Tel：010-84047979

皇家驿栈
Add：北京市东城区骑河楼街33号（故宫店）
Tel：010-65265566

Add：北京市东城区鲜鱼口街87号（前门店）
Tel：010-67017790

VIEW

景山公园
Add：北京市西城区景山西街44号
Tel：010-64038098

国子监
Add：北京市东城区国子监街15号
Tel：010-84027224

FOOD

京兆尹
Add：北京市东城区雍和宫五道营胡同2号
Tel：010-84049191

花马天堂
Add：北京市东城区前门东大街23号G单元
Tel：010-85162698

TRB
Add：北京市东城区沙滩北街23号
Tel：010-84002232

满福楼
Add：北京市西城区地安门内大街38号
Tel：010-64030992

留贤馆
Add：北京市东城区国子监街28-1号
Tel：010-84048539

东街三号咖啡
Add：北京市东城区景山东街3-4
Tel：010-64058128

Capital M
Add：北京市东城区前门大街2号3楼
Tel：010-67022727

Alfie's Beijing
Add：北京市朝阳区东大桥路9号侨福芳草地商场L1-22
Tel：010-56628777

云酷
Add：北京市朝阳区建国门外大街1号国贸大酒店80楼
Tel：010-85716459

SHOP

正安中医馆
Add：北京市东城区五四大街42号
Tel：4008985070

失物招领
Add：北京市东城区国子监街57号
Tel：010-64011855

Book Design Shop
Add：北京市西城区大栅栏杨梅竹斜街23号
Tel：010-83197844

BNC薄荷糯米葱
Add：北京市朝阳区三里屯路19号三里屯Village北区B1楼LG9A号铺
Tel：010-64169045

NINGBO
藏起来的宁波

海定则波宁。城如其名,宁波在众多城市中显得安宁、低调,就像一个藏在豆荚里的城市。这种藏,让她在如今的城市中泯然无声,也让她的文化在时代的快进中获得了某种温柔的保全。宁波的精华之处,需要寻。

看到一座城市最美的时刻需要机缘。在宁波,"决定性的瞬间"发生在柏悦酒店的湖畔套房,视线从无边的水池往后延伸,恰好衔接上万顷碧波的东钱湖。海天一线,所有关于古典山水的想象都被牵动,苏醒过来。

MINI TRAVEL | NINGBO

▼ 宁波柏悦酒店极大程度上保留了宁波年代深远的老宅结构,并在不动声色的改造中复兴为一家令人愉悦的酒店。即使只是道路上一盏简洁的路灯,也能够给人带来某种情境上的回归。

在地图上，上海与杭州之下往南走不到200公里，就到了宁波。宁波像一个藏起来的城市，很容易被旅行者忽略或者干脆跳过，有人来上海，有人去杭州，很少有人特意停留于这个小小港口。

爱好生活的媒体人Ofelia和家人决定用两天一晚的时间来经历宁波。时间的限制有时不见得是坏事，目的地和停留点都因此而去粗取精，变得更加直接简单。她和家人组成了一个大团队，里面有作为建筑设计师的姐夫Steven，以建筑为主题就变成了此行的最好脉络。

第一站，他们选择去往天一阁。这是慕名来宁波的人十有八九都会拜访的地方。作为中国最古老的私人藏书阁，它带动了一股藏书热潮，也真的为后世庇护了一大批好书。张岱的《夜航船》被许多学者文人推崇，它有多达25万多字的手抄本，就藏在天一阁里。

德国人利希霍芬说，在商业上宁波人完全可以和犹太人媲美。因为它商业历史很长，倒推500年，他已经是全球最大的自由贸易港口了，成绩相当于今天的香港或者迪拜。"宁波帮"声名在外，经商成绩一流。近现代的影视大王邵逸夫，航运大王包玉刚都出生宁波，并影响世界。

宁波的"新"同样让人印象深刻。建筑就是最明显的例子。设计师王澍通过宁波博物馆获得了"普利兹克建筑奖"，这个建筑界的"诺贝尔奖"横卧在宁波市商业市中心，看起来却像一座不入时的"古代堡垒"。这种矛盾感能被宁波接受，足以见得宁波人的开放和包容。王澍拥有一种远离潮流的对抗性，据他的学生们说，在所有人都讨论库哈斯和扎哈的时候，他总让学生们研究宋代的山水图。Ofelia和家人在宁波博物馆待上了大半天，游览之后草地上晒太阳，在国内能让人这么放松的公共空间少之又少。

若是时间多上一两天，宁波是完全值得人依循典故再游一遍的。东钱湖，住着范蠡与西施，推荐在柏悦酒店观湖景，一定能体会你从未见过的湖光水色；陶渊明笔下的桃花源就在如今的溪口景区，今天仍然值得一去。盛产大师的余姚，处处能够看到黄宗羲、王阳明给宁波留下的遗迹。

▲ 宁波自古繁华，从旧日街景中就可以看出这条街何等热闹。高墙窄巷的布局是宁波传统聚落的特点，淡雅中带着陈旧，很容易让人想起电影《卧虎藏龙》中的场景。宁波博物馆已经成为宁波的另一张新名片，它使用民间收集的砖瓦组成瓦片墙替代钢筋水泥，实际上是一种对传统民居文化的回归与传承。

城隍庙

慈城古镇 08

06 走马楼

07 宝善堂

梁祝文化公园

白云公园

南塘老街 02

宁波栎社
国际机场

CITY GUIDE *of* NINGBO

Ofelia
媒体人，宁波人。出生于宁波文化世家，她和她的大家庭一样，热爱旅行生活，并对潜藏的宁波历史与文化有浓厚兴趣

	09:00 游览 天一阁	11:00 餐饮 南塘老街	13:00 参观 宁波博物馆	15:00 休闲 柏悦酒店	18:00 餐饮 钱湖鱼港
DAY 1					
DAY 2	09:00 休闲 柏悦酒店	12:00 餐饮 走马楼	14:00 品茗 宝善堂	15:00 游览 慈城古镇	

宁波绕城高速

中心公园

东环北路

世纪大道

01 天一阁

宁波东站

03 宁波博物馆

植物世界

宁波雅戈尔动物园

钱湖渔港 05
柏悦酒店 04

东钱湖

小普陀景区

MINI TRAVEL | NINGBO

▶ "养十年豪气，读万卷诗书"。这是天一阁最初的建造者范钦亲手为它题的词，在此后几百年的时间里，范家世代为这座藏书楼费心尽力。爱书人的痴癖与豁达都在其中。

言由
独立出版人，JZZP创始人，宁波人

天一阁可谓江南文人精神的活化石。宁波可以没有北仑港，不能没有天一阁。这也让宁波人自以为承担了文化的重任。有一种抱着这个文化圣地虚名而故步自封的感觉。

MINI TIPS

空间和书橱设计

在天一阁，除了私家藏书是一大特色，建筑的内部空间设计和书橱样式也是一大看点。这里面，所有的设计都简单但是精确，尤其是对防火引水的处理，堪称典范。它们指向了一个唯一的功能——保护书。

天一阁
难得一见的藏书阁

今天能够进入天一阁参观其实是一种幸运，要知道在明、清两代，这个私家藏书楼并不是随随便便可以进去的。范氏家族把规则制定得非常严厉：必须经家族各房一致同意，才能进入天一阁。随着范家繁衍生息，拥有表决权的各房越来越多，但是全部同意的概率却越来越小。据说，当年有大家闺秀为了一睹藏书阁的面貌而嫁入范家，余生中却从未登上过天一阁。有幸进入天一阁的人不是文豪就是鸿儒，整个明、清两代，进去过的人仅有十余名，黄宗羲是外族第一人。

乾隆曾照此仿建文渊阁

天一阁的名字取自《易经》中的"天一生水"，想借水防火，免除火灾。天一阁也确实未发生过火灾。当然这也得益于它的防火结构与引水设计。这座中国现存最古老的私家藏书楼曾经名极一时，乾隆撰写《四库全书》时从这儿借了不少书。他喜欢天一阁的设计，还派人来这里量了书橱尺寸，后来仿照着建了著名的"文渊阁"。

天一阁藏有大量的宝贝，例如名人的真迹拓本，据说这里的丰坊刻本《兰亭集序》是世间最接近王羲之真迹的，黄庭坚唯一绢本草书传世作品也在这里。

▲ 天一阁的庭院建造得极其讲究，大方的中式对称美学，两边的古树下藤蔓铺地，空间中保有大量的留白，很打动人。

▲ 就是以这种姿势，天一阁庇佑了几百年里流落在正史外的经卷书文，某种程度来说，它用更加个人化的眼光披沙拣精，算得上与正统而无趣的主流文化的一种对抗。

MINI TRAVEL | NINGBO

▲ 当年的老宅院落，这种高墙窄巷的布局是宁波传统聚落的特点。大户人家的封火墙多采用"马头墙"，体现出主人的地位很高。

南塘老街
浓缩的老宁波

在中国，几乎每个城市都有一条老街，历史中热闹风光过，如今衰败落魄。有心的城市把它们包装起来做成旅游景点，还有一些被拆了，再也找不回来。南塘老街就是这样一条牵动宁波人记忆的街，曾经是旧宁波的商贸积聚地，热闹又接地气。这里穿行着一条南塘河，来来往往的都是做生意的老百姓。盛极一时的时候，人们称它"南门三市"。时过境迁，南塘河未能避免地也在一片破败和拆毁的老建筑群中等待翻新。

而现在我们逛的南塘老街是翻新复旧后的作品，完整保留了500多米江南传统街巷，看到这条街，老式宁波人就如同看到了祖辈们在这条街道中经商、交易、生活的场景。街上"宁波一副"的牌子还在，这在20世纪80年代可是家喻户晓，全国最大的副食品商店之一，也是生活富足的象征。中国电影导演袁牧之的老家也在这里，如果你是电影爱好者，应该能记起来20世纪30年代著名的电影《马路天使》里，就有许多南塘老街的影子。

这条街道重新请回了传统的作坊和商店继续营业，小吃让这里重回火热，遇到卖南塘河汤团、油赞子、十六格馄饨、余姚黄鱼面的店铺，都要停下来尝尝。

MINI TIPS

热闹的宁波老街

南塘老街附近街道狭小，周边空间局促，如果是节假日或旅行高峰期，停车可能需要费一点儿心思。这里有小吃一条街，其中以南塘油赞子最受欢迎，有时会排很长的队。非节假日、周末游览能更加尽兴。

▲ 南塘老街上的贴阁碧餐厅，"贴阁碧"本是宁波话，意思是房子紧挨着房子，邻居之间只隔着一层墙。如今餐厅取名贴阁碧，也是定位在宁波家常菜上，本地人觉得亲切、亲近，生意一直不错。

贴阁碧
不鲜不咸不叫宁波菜

蔡澜吃宁波菜，不用动筷子，光看看就知道行不行。"上一碟麦麸，一看就知道不行。为什么？那面筋是刀切的，麸要手撕，汁才入味。就这么简单。"无论是宁波还是其他城市，真正能存活下来的好馆子，最大的功夫恐怕还是在细活儿上。

宁波菜又叫"甬帮菜"，鲜咸合一，擅长烹制海鲜，因此对新鲜和原汁原味这两项要求极高。因为大部分的菜都用蒸或烩的方法处理，因此"鲜"又是各种要求中的最高标准，这意味着原材料必须非常新鲜。幸而宁波靠海，每天的早市上都可以买到当天新捕获的海鲜鱼类。会吃的食客甚至能够从味道上判断这材料是几点买的。

隔壁的邻家菜

Ofelia和家人最终把我们带进了一家叫"贴阁碧"的餐厅，贴阁碧本是宁波话，意思是房子紧挨着房子，邻居之间只隔着一层墙。这原是指宁波旧有房屋居住特点，这句话也透着一股邻里之间亲密、友好的热乎劲儿，一条街就是一个大家庭。借着这层意思，这家餐厅做的也是宁波特色菜，家常、朴实、味道正宗。生蟹成为当天最受好评的菜式。

▲ 几个招牌菜都可以尝试，招牌生煎腐皮黄鱼、金牌烤鸭都有独特之处。不过生蟹是最受好评的。贴阁碧在宁波有六家分店，错过了这一家，其他地方也可以吃到。

MINI TRAVEL | NINGBO

▲ 这栋建筑的所在地，原本是一片稻田。如今成为宁波有名的地标建筑：宁波博物馆。王澍最终凭借它获得了建筑界的最高奖项"普利兹克建筑奖"。几乎每个人都会被这座建筑的外墙吸引，它们呈现出原始、陈旧而又不规则的风格。设计师用了回收来的，超过20种以上的旧砖瓦和竹条瓦砾混合混凝土打造墙身，也在这个过程中链接了宁波建筑的历史和现在。

MINI TRAVEL | NINGBO

▲ 宁波博物馆不规则的外观，特有的回收材料做成的墙壁是最突出的特点。

▲ 博物馆的出口，陈列着这样一艘南宋沉船。船、码头和宁波如此紧密而又自然地结合在了一起，成为这个城市的精神内核。

Ofelia
媒体人；宁波人

宁波博物馆之所以成为国内顶尖的博物馆，空间规划是重要的原因。逛完博物馆后，有一片洒满阳光的绿地既能让人放松休息，又能在离开前再次欣赏这座建筑。外墙上不规则的小窗户让人想起了建筑大师柯布西耶的代表作廊香教堂。

宁波博物馆
从"落后的建筑"到建筑大奖

Ofelia的建筑师朋友Steven为人家设计了旅程中重要的一站：宁波博物馆。这是首位获得普利兹克建筑奖的中国籍建筑师王澍的代表作。据说宁波博物馆建成之后还有一番波折。在宁波最市中心最CBD的地方，放上这样一座"看上去陈旧、落后的建筑"会不会太影响宁波的形象了？大家争执不下，最后由王澍与公众交流，阐述自己的理念，获得了大多数人支持后才顺利开馆。

王澍获奖的消息传来，成为网络和微博的热议话题。普利兹克建筑奖作为建筑界的"诺贝尔奖"，规格非常高，前一位获得这个奖项并和中国勉强扯得上关系的人是美籍华裔设计师贝聿铭。奖项评选的标准，除了展现设计师个人的天赋、远见以外，还应该对人道及建筑环境的延续作出贡献。王澍在这方面的努力让人印象深刻：尤其是那面墙，他收集了附近30多个正在被拆迁的村庄里的明清砖瓦，混合了宁波特有的毛竹，它们一同和混凝土混合调配，最后成为了景观奇特震撼的瓦片墙。整个宁波博物馆以山、水、海洋为设计理念，是宁波这座城市的重要特征。

唤醒城市的记忆

王澍说："我想告诉人们，曾经的城市生活是怎样的。十多年前，这是一个美丽的海港城市，有30多个传统村落。到今天，几

◀ 博物馆外面宽阔而优美的台阶，提供给人们坐下来聊天、休息的空间。这样的公共空间设计是国内建筑里极其稀缺的。

▲ 博物馆外墙不规则窗口让Ofelia的建筑师朋友想到了柯布西耶的朗香教堂。"把空间还给市民"，这个巨大的阶梯和博物馆外的绿地广场一起，在景观和功能之外，还成为了广阔的公共空间，为人们提供更多的可休憩之处，这是在国内很缺乏的。

乎所有的东西都被拆除了，这里变成了一片没有回忆的城市。我把能在这个地区收集到的各种旧建筑材料再次利用，与新材料一起在新的建筑上混合建造。我想建造一个有自我生命的小城市，它能重新唤醒这个城市的记忆。"

宽阔的休憩空间

Steven对宁波博物馆里的很多细节都很推崇，例如博物馆外面宽阔而优美的台阶，除了形式感上的震撼之外，它可以提供给人们坐下来聊天、休息的空间。和博物馆里静谧无声的严肃相比，公众能够在这里自由地交流，这样的公共空间设计是国内建筑里极其稀缺的。另外，这里有大片的绿地广场，逛完博物馆之后，Ofelia一家坐在草地上聊天晒太阳，非常舒服。博物馆外墙的不规则窗口，也让Steven想到了柯布西耶的朗香教堂。

延绵的时间感

实际上王澍在宁波造过很多建筑，碎瓦片造墙的工作方法也一直在作品中延续。中国美院象山校区，也用了700多万块从各地拆除现场收来的砖瓦做成"瓦爿墙"，这是宁波地区特有的传统建筑手法，王澍认为，这种方法能够达到"延绵的时间感"。有人曾评价他的房子："刚建起来看上去就像有了50年历史的一样"，王澍很开心，这样的描述是他的理想目标。

MINI TIPS

五散房

与宁波博物馆一街之隔的地方，宁波鄞州公园内，还有王澍的早期建筑作品——五散房。这里有五个小型公共建筑：茶室、画廊、咖啡厅、管理用房。在2000平方米的基地里，五座建筑分别用了五种不同的建筑类型与建造方法，像一次建筑实验，"瓦爿墙"的技术也出现在这些建筑中，后来娴熟运用到了中国美院象山校区和宁波博物馆中。

MINI TRAVEL | NINGBO

▲ 从上到下分别是柏悦酒店正门入口，空阔恢宏的大堂，气质清雅独特的木质结构房间。

▲ 柏悦半岛区域是别墅区，在这里往外看去，将是浩渺的东钱湖。

柏悦酒店
这一站，停在了东钱湖

通常，在全球的时尚之都，无论是东京、悉尼、墨尔本还是马德里，最热闹繁华的那个区域里，你总能发现柏悦酒店的身影。作为世界上顶级精品酒店的柏悦，每一处选址都极其讲究。而柏悦在中国建造的第一家度假型酒店，不在三亚、不在香格里拉，而在宁波的东钱湖畔。这让人很好奇：什么原因让柏悦在这里停留了下来？

酒店选址在东钱湖畔一片有上千年历史的大堰村。设计师是美籍华裔Sylvia Chang，在设计这间酒店之前，她在宁波东钱湖住了下来。从规划到开工，宁波柏悦一共耗时十多年，设计师也就在这里居住了十多年。她一定了解过了每一处观赏东钱湖的角度和视野，感受过这里的光线变幻，那些细节才最终融进了酒店的设计之中。

独立与可塑造的空间

刚入大堂，走廊的巨柱就吸引了大家的注意，它们塑造出宏大奢华的空间感，走道上铺着水牛皮做的地毯，每三个月更换一次，看上去相当华贵。Ofelia和她的朋友亲人一行五人，两位男士住一间房，三位女士另一间房，大家在进门的瞬间都不约而同感到惊喜。

朱昕苗
艺术、时装编辑，资深酒店体验者

人们享受着柏悦酒店避世的悠然，却不要忽略了宁波这座不折不扣的艺术之城。柏悦酒店每天有免费往返巴士供客人从酒店至市区。除了参观建筑师王澍用瓦爿墙成就的中国第一个普利兹克建筑奖作品；浙东海事民俗博物馆也值得一去，它曾是南北航海商贾集会的场所，今天被改造成一座非常具有地域特色的博物馆。每一艘早见的古船都在讲述一个财富的故事和自由的灵魂。

◀ 房间内有舒适的短憩沙发，屋外有独立的小院，无论是独自看一本书，还是沏一壶茶，这种静谧都让人感到放松自然。相邻的房间的露台是可以自行调整的，Steven就把房间外的露台布置成了家庭休闲区。房间彼此之间相邻但又有所分隔，空间可以根据需求切割再组合，满足独处或小聚的所有需求。

朱昕苗
艺术、时装编辑，资深酒店体验者

宁波柏悦酒店是Park Hyatt品牌在中国最具代表性的一间酒店，雅致、低调的风格重新定义了奢华酒店。如果你是慢热性子的人，花点时间享受面朝东钱湖的宁静下午茶，如果你是Day Trip，一定要试试中餐厅钱湖渔港。英国著名的杂志《Restaurant》曾经评选了"50家亚洲最好的餐厅"，杭州凯悦酒店的湖滨28榜上有名，而同为凯悦集团的钱湖渔港和湖滨28的菜式、水准基本相同。

Steven非常喜欢男士房间的设计，一进门就是浴室洗手间，有毛玻璃与卧室隔开。再往里可见到结实有力的木制的条状屏风，屏风外还有一个独立空间，舒服的沙发可以容得下清逸的个人时间。再往外是个小的院子。一层一层铺开的空间就像一点点展开的画卷，不断扩充着人的想象。实际上，每间客房都运用了高挑空及开放式设计，窗旁设置了两处飘窗式的日式榻或外凸的露台，向外望去，Steven感觉到一种极简主义的魅惑，那些用简单的木条所营造的视觉往往包含着并不简单的设计理念。

三位女士住的房间在室内格局上与前一间房差不多，不同的是外面的小庭院别具一格。院子很小，但是有棵美丽的树，树旁摆着一张木椅，可以坐人，晚上也属于房客。在这里，相邻的房间之间，露台是并排并且开放的，无论是阅读还是与朋友闲聊都很惬意。

在这里观看最美的宁波

从房间中出来散步，大家才开始更清晰地感受到柏悦的整体布局。酒店在修建时保留了当年古村落的格局，将渔民小村修葺仿建，回归到旧时的低层仿古建筑。简单的灰墙沙瓦与三角山墙屋顶层次分

▲ 有500年历史的戴氏祖屋改建成的茶馆，不仅仅是品茶，更是在品历史中记载的整个老江南。一面红墙的宗庙祠堂如今改为酒吧，旅行者们就在酒杯中体验昨天与今天交织。

明，清新淡雅。酒店的半岛区域，湖畔套房都在此处，房间紧邻东钱湖，一眼望出去，雾气升腾。旁边是25米室外无边泳池，像镜子一般嵌在东钱湖的高处。这时回到了我们开篇的第一幕，透过连成一片的水波湖面，此时你一定不会怀疑自己看到了最美的宁波。

再往外走，大家看到了地面上的小小细节：砖缝之间全是绿色潮湿的青苔，细问，才知道这些砖来历不浅，都是从宁波的古渔村里找来的。所有人都有点感动了。想象着它们曾被几百年来宁波人的步履碾过，如今又与你相遇——这就是设计带来的真实情感。

茶馆与酒吧

柏悦里还有专门的茶馆和酒吧，也分布在老建筑中。下午茶可以提前预定，大家入座时，茶点已经摆放整齐。整个的设计细节，都传达着一种隐约的禅意。这里的茶馆是酒店中保存最完好的戴氏祖屋改建的，已有500年历史。典型的老院子，两进式厅堂。茶馆前台有一处中药柜子的设计，现在被用来存放茶叶，设计得非常精妙。爱好西式夜生活的人则可以去酒吧。如今酒吧的建筑，是当年村里的宗庙祠堂红台，如今仍可看见一面红色的大墙，古老又浓烈。

MINI TIPS

钱湖渔港

宁波柏悦酒店里有一家中餐厅钱湖渔港，擅长做宁波海鲜湖鲜。守着最美的大湖，湖里特有的朋鱼也就成了必点菜。还有一道菜是柏悦金牌扣肉，端上来就知道厨师是下了苦功夫做成的。据说为了这道菜，师傅花了6个月时间练习切肉，一刀不断切成24层，才能出来金字塔一样的效果。吃法上也有讲究，要先找到肉片的头，然后沿着塔将薄片肉卷开来，适量肉加适量笋干，放入小馒头中，完全不油腻。

047

MINI TRAVEL | NINGBO

▲ 慈城的街道空旷，房屋古朴，进入其中有种时空穿越感。

古镇慈城
天工造城

从东钱湖畔的柏悦穿越到了慈湖边的古镇慈城，需要一个多小时的车程。慈城已有上千年历史，林立的古建筑成为最令探访者们激动的景观。街弄纵横就像棋盘，非常接近中国的古代县城。建于明代的冯宅和清代的俞宅合称为冯俞宅，是这里的地标建筑。慈城又老又现代，它同时也是一场文艺复兴运动的现场。零零散散分布着一些手工作坊，设计师也逐渐在此扎根。许多年轻人将宁波民俗元素和现代设计结合在一起，推出各种新鲜的文化展览。比如"例外"的时装秀，宜兴紫砂茶壶展，以椅子为主题的坐具文化展等等，是宁波鲜有的文艺聚集地。

走马楼与宝善堂

Ofelia领着我们走进慈城里一家别致的餐厅：金融家葛辛木的故居。如今已经改造成名为"慈城走马楼"的餐厅，大气而厚重的砖雕门头、高翘的山脊，仍保持着当年的模样。玻璃屋顶将自然光线轻松地揽进院子，在当年的明堂里用餐，有一种恍惚之感。在这里满足地吃过午饭，生活家们又到了下午茶时间，娴熟地拐进了一处秘密院落。在慈湖边上环境极其清幽的地方，游客罕至，推开路边的柴门，竟是一座茶馆，写着"宝善堂"。保存完好的院落内部犹如来自百年前。穿过开阔的天井，里面是一幢两层楼的老房子，别有洞天。两边写着对联"楼高但任云飞过，池小能将月送来"。

▲ 慈城校士馆和剥落的红色墙壁，在这儿我们仍能看到有人用传统手法制作食物。

◀ 走马楼餐厅与相邻的宝善堂，两者都在慈湖边上环境清幽之处。建筑内部也完整保留了以前的风格。

Ofelia
媒体人、生活美食家

走马楼里的"笃辣慈湖螺"几乎受到我们在场所有人好评。现场还有手工制作的宁波小吃，石臼摆在墙边，糯米蒸熟，一人捣一人不停翻动糯米团，热气腾腾，让人嘴馋。

MINI TIPS

慈城逛点

慈城值得一逛的还有冯岳彩绘台门，是浙东明代门楼彩绘和雕刻保存最好的一处。还能看到"校士馆"的遗迹，那是百年之前的高考考场，气氛凝重、庄严。古镇中的孔庙是全国保存最为完整的，"福字门头"是明朝湖广布政使冯叔吉住宅的一部分，恢宏气派。

MINI TRAVEL | NINGBO

MINI CITY GUIDE | 在宁波，你还可以去这些地方

1 🔑 酒店

Westin

宁波，字面理解为"宁静的波浪"，知名酒店设计公司HBA以此为灵感，强调水的线索，利用明快的几何元素，打造出静谧的酒店空间。威斯汀的餐厅满足你所有对于美味的幻想。中国元素中餐厅，每晚十点至凌晨两点都会炮制出五星级的宵夜，让夜猫子们在深夜也能吃到高级的美食。顶层的户外酒吧逸峰39，三江交汇的迷人夜景一览无余。舞餐厅细腻精致的日本料理，更是"日料控"的必去之地。

2 👁 展览空间

冯俞宅

在古代建筑里看现代展览，会是一种别样的体验。"冯家屋，俞家谷"，冯俞宅一半是明代的冯宅，一半是清代的俞宅，毗邻而居，统一整修后被称为冯俞宅，是慈城最大的古建筑群。2007年《汉声》杂志的创办人黄永松发起了一场"新文艺复兴运动"，将中国传统民艺和现代设计相结合，慈城的冯俞宅成为新的展览地标，不定期展出一系列工艺、服装、设计作品。

3 美术馆

宁波美术馆

同样由王澍设计的宁波美术馆，前身是宁波港客运码头的候船大厅。这个美术馆最终被设计成为一个简单的长方形盒子。王澍认为，码头是宁波这座城市最富于活力的所在，是宁波城市生活的延续，因此码头的概念不是被淡化，而是被强化。这里举办过一些重要展览，例如宁波国际平面设计双年展等。

4 淘物

有眼创意市集

有眼市集是宁波一个创意集散地，年轻人爱扎堆的地方，类似于一个跳蚤市场。它每月举办一次，地点不固定。有时是宁波某个咖啡馆，有时是一条街道。推荐给热衷复古和喜欢淘旧物的人，说不定就能在里面淘到惊喜。在这里，也将体会到区别于传统旅行地的潮流气息。打算前往的旅行者请留意有眼市集的官方微博，会通知每月的举办时间。

MINI TRAVEL | NINGBO

NINGBO LABEL ｜宁波风物

古船 　　　　　　　　　马头墙 　　　　　　　　　杨梅

宁波麻将 　　　　　　　汤圆 　　　　　　　　　　竹编

水蜜桃 　　　　　　　　年糕 　　　　　　　　　　王阳明

插画 by 郭艳

INDEX | 索引

HOTEL

宁波柏悦酒店
Add：宁波市鄞州区东钱湖大堰路188号
Tel：0574-28881234

宁波威斯汀酒店
Add：宁波市海曙区日新街75号
Tel：0574-89108888

宁波香格里拉大酒店
Add：宁波市江东区豫源街88号
Tel：0574-87998888

VIEW

天一阁
Add：宁波市海曙区天一街5号
Tel：0574-87293526

东钱湖
Add：宁波市鄞州区东钱湖镇

南塘老街
Add：宁波市海曙区尹江岸鄞奉路口，长丰桥南
Tel：0574-87306555

五散房
Add：宁波市鄞州区鄞州公园

冯俞宅
Add：宁波市江北区慈城镇东城沿路88号

宁波博物馆
Add：宁波市余姚市阳明西路36号长丰桥南
Tel：0574-62649095

宁波美术馆
Add：宁波市江北区人民路122号
Tel：0574-87643222

王阳明故居
Add：宁波市余姚市阳明西路36号
Tel：0574-62649095

虞氏旧宅
Add：宁波市慈溪市洽卿路17号
Tel：0574-63789393

FOOD

钱湖渔港
Add：宁波市鄞州区东钱湖大堰路188号柏悦酒店内
Tel：0574-28881234-6328

走马楼
Add：宁波市江北区慈城民权路117号
Tel：0574-87570777

宝善堂茶馆
Add：宁波市江北区慈城走马楼饭庄西北侧
Tel：0574-87687609

贴阁碧
Add：宁波市海曙区南塘老街南郊路236号（南塘店）
Tel：0574-55717179

SHOP

有眼市集
Add：无固定地址，每期地址详询新浪微博@有眼事体创意市集

MINI TRAVEL | CHONGQING

CHONGQING
重庆味道

雾气腾腾的江面上飘散着辣椒和花椒混合的气味，横跨在长江之上的索道每天将几千上万人从平地运往高山，重庆人的生活就是在这样一场玩摩天轮般游戏开始的。味觉和视觉都赋予了重庆天然的刺激感，人们把对生活的期待和探索都糅进了无数辛辣鲜香的配料中。要认识重庆这座城市，先从它的味道开始。

火锅，已经成为重庆的标签，足以把这座城市符号化。借由火锅，重庆向外面的世界输送了这样一种价值观：辣得有滋有味，辣得勇猛无敌，辣得讲究，辣得欲罢不能。

▲ 山城的美有层次感，依山而建的酒店把宽阔的视野留给了奔腾的嘉陵江。早间有雾气，晚间有明月。装潢设计强调了传统竹和木的东方质感，给人传递一种节制、儒雅又修长的视觉感受。

▲ 山多树茂，开着车从蜿蜒的山路经行沿途看到的自然景观也是大美。南方特有的潮湿气息夹杂在空气中，闻起来就是"重庆"的味道。

雾气、船笛、棒棒军和上下交错的城市结构组成了重庆这座城市给人的第一印象，低沉、魔幻与潜流涌动，但重庆的食物却与这种印象截然相反，一旦接触了那浓油沸腾的火锅和干辣咸香的精细小面，这座城市突然变得生机勃勃起来。想读懂这座城市，要先从它的食物入手。

当各种老帮菜在现实面前节节败退时，巴渝味道却守住了自己的阵地，并风卷残云似的开疆僻壤，长盛不衰。重庆创造出了适合现代人味蕾的滋味，各地竞相效仿，但始终无法超越，这种味道的气质就像这座城市的性格，勇猛而坚定。

很少有城市能像重庆这样用一种食物横扫天下，即便火锅店早已开遍了全国的大街小巷，甚至开到了海外的CHINA TOWN里，但乐此不疲的人们仍旧在到达重庆的第一时间投入到寻找最地道红油火锅的乐趣中去。这座西部重镇并不是乏善可陈，在群山和长江、嘉陵江山环水绕之间，塑造了一种不可思议的城市面貌，也出品了"重庆妹子"这群美妙的可人儿，但追逐美食似乎永远更胜于垂涎美色，"你在重庆吃火锅了吗？没吃？那相当于没去过重庆。"

无论是已经成为城市标签的重庆火锅，还是充满着街巷温情的各种小面，以及浓墨重彩的配料浇灌出的豆腐鱼、泉水鸡，几乎是零差评。这些食物表现出统一的味觉特点，虽然那是火冒三丈的辣，但细心的厨师们将各种味道调和其中，让辣的背后充满着醇厚的香，这也是重庆味道令人称赞的精髓之一。朝天子、泡椒、花椒、豆瓣酱、海椒、青皮蒜、黄老姜，谁也夺不走谁的味，麻和辣是平衡的，酱和香是统一的，这也好似这座城市的性格，直来直往，脾气看似火爆，但内心却是细腻而平和的。

"饮食男女，人之大欲，不想也难，忙一辈子，就为这个……"在李安的电影里，所有微妙的情感变化全体现在食物里和餐桌上。那些令人动容的人生百态，就是从这些食物故事中流淌出来的，重庆恰恰是一座小人物的城市，那些红汤沸腾、酱料搅拌着的生活，满足着人们日复一日的口腹之欲，也让无数悲欢离合在此上演。多少电影镜头里，那些穿梭在嘉陵江上的索道缆车缓缓而行，车厢里的人表情泰然，而在山城的另一些角落里，炊烟升起，有人等待，有人守候，全城温情。

04 柏联酒店

03 悦榕庄

重庆北温泉

重庆市植物园

缙云山

05 三溪口豆腐鱼

照母山森林公园

CITY GUIDE *of* **CHONGQING**

小面

标准的重庆人，混迹京城时尚行业多年，曾供职于旅游杂志，了解吃喝玩乐的一切新鲜事物。朋友圈里，他是公认的美食活地图

磁器口猫儿面 02

大队长主题火锅 01

09 重庆天地

重庆站

DAY 1	19:00 晚餐 大队长主题火锅	22:00 夜宵 磁器口猫儿面	24:00 夜宿 缙云山悦榕庄		
DAY 2	10:00 泡温泉 柏联酒店	14:00 午餐 三溪口豆腐鱼	19:00 晚餐 南山泉水鸡	20:30 观景 一棵树	22:00 夜宿 缙云山悦榕庄
DAY 3	10:00 泡温泉 悦榕庄露台温泉	12:00 午餐 晓宇火锅	14:00 游览 重庆天地	16:00 美食 龙氏豌豆面	

10 龙氏豌豆面

重庆江北国际机场

08 晓宇火锅

06 南山泉水鸡

07 一棵树

南山

MINI TRAVEL | CHONGQING

▶ 这座山城里，遍布了2万多家火锅餐厅，每30个重庆人就有1个从事与火锅相关的职业。整个重庆上空飘浮的都是麻和辣的综合。巴渝的味道尽情地溶解在沸腾的火锅里。将一片红白相间的生肉丢进红油和辣椒咕嘟嘟冒着泡的热锅里，大快朵颐的神态最显示渝人气吞山河的气势。

图钉
摄影师，擅长拍建筑与城市，重庆人

火锅，就是重庆人的情人，不管男女，几天不酣畅淋漓地缠绵一番，心里会钻心地痒，越痒越挠，越挠越痒！

▲ 大队长主题火锅店试图唤醒人们的红色记忆，大到店内装修，小到餐具围裙，都极力彰显着那个年代的烙印。也许是对70年代的集体追忆最符合重庆火锅的暗流涌动和蓄势待发，这家新店在最近几年里迅速蹿红。

大队长主题火锅
麻辣飘浮在城市上空

"小面"是标准的重庆人，尽管在京城时尚行业浸润多年，口味上却是根深蒂固的"家乡党"。他的外号就是重庆小吃中的一种，可见"吃"对他的重要性。这次他带我们飞到家乡重庆，一是为我们推荐一条巴适的旅行路线；二是为了抽一个周末给老妈庆生。

火锅让每个重庆人牵肠挂肚。介绍起重庆人最爱的火锅来，这位美食活地图头头是道。"火锅的高下几乎全体现在了汤底里，重庆火锅中的辣椒至少分为个性分明的三种，首先是辣味中庸、取其香的二金条；其次是色泽通红、生龙活虎的朝天子；如果你不怕辣，还可以加些干柴烈火、狂霸劲猛的小米辣，合了花椒一起爆炒出香味，之后炼融在牛油和高汤的米黄和乳白之间，端上桌，很快就泉涌般地沸腾起来，轰炸着味蕾。"

从70年代中寻找记忆

小面的妈妈接到儿子的第一句话竟然是：我带你去我最近侦查出来的一家好得很的火锅！这家"大队长主题火锅店"在观音桥，是近几年重庆非常火爆的火锅之一。如果不是小面妈妈提前订了位，周末很难排到座位。除了火锅的口味独特，这家店的有趣之处还在于风格上的70年代集体回忆。挂着那个时代特色的农业学大寨、"抓革命，促生产"招贴画，散发出浓浓的70年代气息。

▲ 磁器口猫儿面保留着这个城市最地道的市井味道，尤其是那些开至午夜的街头小面馆，炸酱和辣油制作得最有滋味。一碗面后再来碗沁口的红糖凉糕，整个人立马变得神思爽朗起来。

磁器口
全重庆最正宗的猫儿面

从火锅店出来，路上正好经过古镇磁器口。磁器口保存着最淳朴的重庆街头小吃和味道。许多老重庆的中巴司机和的哥们夜里收工之后，都习惯了来磁器口的小店里吃夜宵。小面把我们带进了一家"全重庆最正宗的猫儿面"，就在犄角旮旯处的一家苍蝇馆子：老地方猫儿面。在昏黄的灯光下一碗热气腾腾的小面，搅拌着的是这个城市最地道的生活佐料。

猫儿面也叫豌杂面，是因为磁器口最初做面的老板小名叫猫儿而得名。猫儿面里，豌豆和炸酱是主料，豌豆口感软糯，炸酱是用新鲜的夹子肉配上等的甜酱烹制而成，此外最见功夫的是油辣子，两种不同的辣椒经剪、炕、过油，浓稠地浇进面里，那才叫一个香。小面觉得猫儿面最能代表重庆味道的特点，"重庆的味道不是菜的本味，而是我们心中的味道，当我们吃到嘴里，才突然醒悟，啊，这就是我寻找很久的味道啊！"

老城磁器口

除了味道，磁器口还固执地保留着老重庆的墨黑色石板路与巴渝遗风。这个东临嘉陵江，南靠沙坪坝的古码头距离主城区约3公里，曾经的一首民谣"白日里千人拱手，入夜后万盏明灯"，说的就是这里曾经的兴旺繁盛。如今，这个著名的小镇依然焕发着生机，古风犹存的茶馆和码头，独具特色的川剧和传统小吃，香火旺盛的千年古刹都让这里终日熙熙攘攘。人们的谈天说笑，透露着市井中的欢喜和散淡，而那种平淡生活中的忧伤和幸福，只有走进镇子深处的古朴聚落中才能有所体味。

MINI TIPS

磁器口

磁器口作为一个文化古镇被完整地保留下来。嘉陵江边的老码头、重庆特色的山地台阶和沿山漫步的古建筑串联起重庆最本土的民风。世事斗转星移，这里的生活形态却依然保留着老传统和千年古镇的古朴从容。从路面上了年纪的砖面就可以看出。

MINI TRAVEL | CHONGQING

▲ 悦榕庄隐在缙云山间，采用了民国初期的建筑风格，把客房设计成重庆特色的传统吊脚楼，依山傍水参差排布在半山腰上。走进这里，就走进了一个与世隔绝的村落。夜里开车上山时，感觉到山林中流泻着点点灯火，如梦幻般，清早再一看，窗外青灰色的楼台与山水又融入一张雅致的山水画之中，完全回归了自然。重庆有"温泉之都"的称号，悦榕庄也充分利用这一点，将温泉体验设计得一流。在大自然中泡汤，将宁静的溪流和起伏的群山美景尽收眼底，调动所有感官拥抱自然的过程中使身心都得到回归。酒店的内部装饰还是在那个既定的水准上，房间内古色古香，屋内的色调和留白也让人有种禅意栖居的感觉。

悦榕庄
缙云山的峡谷地带

缙云山在古代被称为"巴山"，也就是李商隐诗词里讲的"巴山夜雨涨秋池"。它从7000千万年前的地壳运动中生成，终年云雾缭绕，磅礴郁积。悦榕庄酒店建在了缙云山中的峡谷地带。小面夜里入住这里，天亮后在窗前眺望时才惊喜地发现酒店竟然返璞归真地把每一幢小别墅都做成了吊脚楼，沿着一条蜿蜒而下的小溪左右错落排布，就像生活在一个百年前的村寨一样。

古人称"赤多白少"为"缙"，缙云山的风景本身就是罕见的自然大美奇观。尤其是一早一晚云蒸霞蔚时，会形成赤色如火的山中奇景，因而得名。为了能更好地亲近自然，悦榕庄把门厅和竹林庭院都做了开放式的设计，坐在其中，被葱郁的青山和潺潺溪流所环抱，看缙云山的日出日落，话巴山夜雨时。

群山之中的温泉泡池

悦榕庄首次将"私人温泉泡池"的概念引入了这个度假村。温泉水从著名的北温泉引入，能够让入住的客人享受到私密舒适的泡汤体验。加上得天独厚的周围环境，天地间仿佛只剩下群峦、山泉，很多人都会沉浸在这种独特的体验中难以自拔。温泉SPA也是悦榕庄里不容错过的项目，在38摄氏度的温泉水中泡浴10分钟，再运用天然草药和香料完成一系列手法，疲劳和沉重在这个过程中化为无形。

重庆味和重庆胃

一家好的酒店，永远懂得如何就地取材，选择当地最好的地址，做足当地风格。除了民国建筑和吊脚楼的酒店外观，悦榕庄的内部融入了更多传统重庆风格的设计元素。酒店的公共区域及房间的内饰都采用了蜀绣、蜀锦、川剧脸谱和漆器的装饰，演绎出典型的巴渝特色。

悦榕庄一共有5间餐厅及酒吧，它们的特色各有千秋。锦肴轩是其中最不能错过的。这间新派川菜餐厅采用山间泉水来制作特色火锅和巴渝豆花，极富重庆风味特色。其他餐吧还提供粤菜和环球美食自助餐，以及雪茄沙龙、顶级茶饮和特色酒品，无论胃好哪一口，相信总有能让人满意的。

▲ 房间内很多小细节让人过目不忘，例如一卷摆放桌上用竹简书写的《道德经》，隶书抄写，让人不自觉地拿起念读起来；一个楠木做的古色古香的算盘，外表还有一个专有的皮箱盛装。这些物件都在唤起记忆中很久不曾触碰的领域，既熟悉，又陌生，它们带来一种传统文化的氛围，又让人很温暖。

▲ 早餐是中西结合，有培根三明治，也有豆浆油条。一口油条，一口豆浆，这样简单又常见的早餐却已经很久没有享用了。在山林之间看白云，和家人一起享用一顿平淡却熟悉的早餐，这样的舒适感和引发的温馨回忆，才是最奢侈的感受。

063

MINI TRAVEL | CHONGQING

◀ 缙云山古木参天，一路上都是茂密浓重的绿荫，驱车前往柏联酒店的沿途也充满了山水隐居的美。路两边爬满青苔的绿树和滴着露珠的灌木丛营造出一种庄严的仪式感，仿佛这是入住缙云山世外桃源的神秘前奏。

柏联酒店
"归隐"的地方

寻找柏联精品酒店的路就像在寻找一段归隐的里程。酒店在素有小三峡之称的嘉陵江温塘峡谷边依山而建，旁边就是有千年历史的北温泉，从嘉陵江边往上望，掩映在缙云山葱茏之中的酒店与旁边古老的温泉寺一起构成了奇妙的视觉效果。越接近柏联，道路两边的绿树和灌木就越发地茂密起来，在森林里穿过香火萦绕的寺庙、幽深的乳花洞和曲折的林间小溪，柏联酒店终于桃花源般出现在眼前，清新宁静，遗世独立，仿佛与自然融为一体。

随嘉陵江进入客房

作为全球小型经典豪华酒店的成员，重庆柏联的存在把缙云山的旅行品质带到了全国顶级水准。酒店设计中最大的特色就是创造性地将人与喧嚣隔绝，转而无限地亲近自然。

跨过一座浓荫覆盖的廊桥才终于到达了酒店的天台，天台其实是酒店餐厅的屋顶，在江岸上充分利用地势和建筑的叠加，形成独特的设计。酒店内的别墅也无一可窥全貌，设计师利用山势和茂林，让人只能隐约看见屋角和伸出的眺台，无限增加了入住的私密性。如果你追求绝对的隐秘，酒店还可以用电瓶车将你直接送到客房内，据说未来还将在嘉陵江边搭建一个码头，宾客将乘舟从嘉陵江而上，更加庄重、神秘和赋形式感。

树木横生入室

有趣的是，酒店空间设计时对树木的处理颇为用心。除了天台外一棵爬满青苔，纵情恣肆的黄桷兰外，酒店在设计房间时，甚至让树

▲ 酒店的大堂通体透明的设计，让窗外的青山绿水与人的栖居生活之间丝毫没有隔阂。陈设上无不呈现出一种别样的旧日情怀。温泉大堂并行排列的九口大缸盛满平静的水，偶尔荡起涟漪，也让人感受到古典的禅味。

▲ 酒店大堂正面对着嘉陵江，背面和侧面两侧都是树木和山景，推开落地玻璃的门窗，面向任何一个角度，都是满眼的绿意和雄峻巍峨的山色，就像一个隐居的王者在检阅自己的宫殿。尤其是在山中云雾缭绕的时刻，更是感觉如入仙境。

▲ 地板、座椅、窗户，甚至包括所有户外的栏杆、扶手，都是从泰国运来的黄金柚木做成。木质的深棕色与周围苍翠的环境形成对比色调，遁入深山中感触着这些取自天然的温度，让人不禁松一口气，彻底从冰冷的钢筋城市里解脱出来。温泉泡池周边都是葱茏的密林，像是进入了一个亚热带雨林王国。

干从房内穿堂而过，有些房间特意让樟树横穿了室内泡池的天花板，如同热带雨林中的精灵王国。那感觉真犹如森林仙境一般。窗棂、围栏和陈设的家具全部用云南、缅甸运来的木石制作而成，配合通透的大落地窗，使酒店与磅礴的嘉陵江景更融为一体。

众泉之首：北温泉

在重庆著名的温泉中，资格最老的要数老五泉：北温泉、南温泉、东温泉、西温泉和统景温泉。其中北温泉又以水质纯净，温度适宜，居五泉之首。北温泉发现于南朝时期，距今已有1600年的历史，是中国开发利用最早至今仍在使用的温泉之一。它含钙量高，并含有微量元素和氡射气，医疗效果很好。同时水量极大，水温适中，一年四季都可以泳浴。民国时期的实业家卢作孚在这里创办了嘉陵江温泉公园，之后这里便成了政要和名士理想的泡汤之所。

柏联酒店其实就在北温泉公园的景区之内，不用出酒店，经过一条原木秀石小径就可以到达。在密林葱茏中泡汤，周边还有特制的木质躺椅。泡够了可以去旁边的竹林中做桑拿，还可以参观一处在溶洞中的温泉汤场，在奇幻神秘的溶洞中再泡一会儿，直到乏意去尽，困意来袭。

露台面江

柏联酒店一共有20多间套房，房间内非常宽敞，每套都配有独立的会客室，卧室和SPA理疗室分列两侧。所有的套房都拥有一面落地玻璃墙，面向嘉陵江和对岸的青山叠嶂。在房间中便能把江景一览无遗。玻璃门外还额外搭建了大露台，露台一侧配有私享的泳池及温泉汤池，设计师将两池架空挑了出去，满溢的池水看起来像是直接流入江中。

特别推荐的是傍晚时分。坐在露台上听到的只有昆虫的鸣叫、江水的流动，以及枯叶掉落的沙沙声，进入撒满玫瑰花瓣的温泉泡池，背靠池壁，脚下是壮阔的月涌大江流，对面是莽莽苍苍的崇山峻岭，没有一盏灯火，到此你才能体味江山之壮阔、天地之大美。

▲ 所有的客房都拥有临江的大露台，客厅的天棚还另有一个可以打开的玄机，就像可以敞篷的座驾一般。当夜色来临时，抬头可以仰望到深邃的夜空，可以淋到月光洒下的光辉。

▲ 酒店通往北温泉的江边峭壁上修建了一条用当地石材和柚木铺就的小路。不出酒店，从这条小路就可以直接通达温泉群落。

MINI TIPS

温泉寺

温泉寺在北温泉公园内，是一座千年名刹。宋朝时被封为"崇胜禅院"，香火旺盛。里面的温泉、古寺、幽洞、岩壑和独有的植物北碚榕最有名。寺后有宋代摩崖石刻，嘉陵江边岩壁之上题着"第一泉"三个字。

MINI TRAVEL | CHONGQING

▲ 除了要先过油，再用加了泡椒和豆瓣酱的高汤蒸煮之外，重庆豆腐鱼还有关键的两步。首先是一层层地铺上厚厚的蒜末、花椒面、海椒面、葱段和油酥好的花生米，之后再把烧热的菜油"嗞啦"一声浇在盘子里，让这浓墨重彩的重庆配料在鱼肉和豆腐身上蹿出浓烈而奇妙的味道。

凉风垭鱼庄
名气很大的苍蝇馆

说到三溪口，重庆人会异口同声地说出"豆腐鱼"这道知名江湖菜。重庆人都认为三溪口的豆腐鱼做得最地道最好吃。我们来到一家名叫"凉风垭鱼庄"的街头小馆，餐馆门脸看着不起眼，但名气却大得很。

巴蜀之地，最好吃的饭馆往往不是装修精良的大餐厅，而是在街边路摊旁。老板往往都身怀几十年的本领和绝世菜功，以此谋生，以此为业，才能做出最美味最谋杀味蕾的巴渝风味来。都说重庆菜为"江湖菜"，一方面是指重庆人的豪爽恣意，一方面是指跟川菜相比，创新颇多。"鱼吃一口气"，豆腐鱼现杀现做，加入各种姜葱蒜辣椒泡椒，最后鱼肉和豆腐一相逢，"便胜却人间无数"了。

南山老幺泉水鸡
温柔内藏的霸道

一提到南山，重庆人几乎马上就会想到一道菜：南山泉水鸡。80年代中期，一个村民开创了这道菜，到后来家家户户都开店做菜以此谋生，进化成了一个产业。"南山泉水鸡"的名字听上去很温柔，实际上不要被它骗了，这是一道重口味的霸道菜。这道菜一直以用料独特、麻辣味足、鲜酥爽口而深受食客青睐追捧。现在吃泉水鸡，叫"一鸡三吃"，另两种即是"泡椒炒鸡杂"和"鸡血清汤"。除了泉水鸡，点一份豆花也是绝佳口感。

MINI TIPS

南山泉水鸡

仔鸡剁小块放进瓦罐，用竹竿引来山泉水注入，小火煨着，少不了红辣椒、紫花椒、青皮蒜、黄老姜，再丢一把发好的黑香菇。南山泉水鸡，听起来很淑女很温柔，但是却是很麻很辣很劲爆，这碗结合了极度麻辣和甘美泉水的"南山泉水鸡"，深得中国文化阴阳相生相克的哲学。

▲ 山城的夜景非常著名，站在"一棵树"俯瞰有种被轻轻震撼的感觉。本是一幅烟火升腾的市井生活画面，因山城独特的城市形状和山势水势而变得如梦幻般曲折而神奇。

一棵树
不览夜景，未到重庆

一棵树，是一个地名，在南山山顶。这里的确有一棵黄桷树，在山顶上没有任何遮拦的位置生长了许多年，大树可参天。每年开出的黄桷兰香气袭人，重庆地区的老奶奶们总摘下来用线串上，和茉莉花一同卖。而树下，是观赏山城夜景的最佳之地。

如今南山一棵树是重庆必到的夜景观赏台，即使到了晚上，这里也有很多人前来，热闹非凡。从一棵树往下俯瞰重庆，真的有一种看另一个香港的感觉。山城夜景的独特得益于起伏的地势和两江环抱的位置。夜色降临，万家灯火高低起伏，让原本已经奇特的城市空间变得更加复杂而神奇，不停穿梭于茫茫灯海之中的车船流光，和着江中的汽笛、欢笑、笙歌之声，塑造了灵动的夜重庆。

麻将是永恒的主题

小面妈妈的生日，庆祝活动是到嘉陵江边喝茶小憩，然后又叫来了家人，一起打麻将。重庆人和四川人的任何活动，都是离不开麻将的。无论是朋友聚会，生意应酬，还是家人团聚，都在麻将桌上见。观景江边的茶馆，高科技的洗牌机和自动麻将桌在这里盛行。重庆麻将简单、直奔主题，胡牌频率极高。"三吃两吃就下叫，五分钟内见成效"，像极了这个城市豪爽的性格。

▲ 小面想送给妈妈一个浪漫的惊喜，于是就带着她到了一棵树看夜景，吹夜风，然后来到最浪漫的嘉陵江边，在夜风和轮船的汽笛声中为她庆生。然而最好的庆生活动竟然是——打麻将。

MINI TRAVEL | CHONGQING

▲ 重庆火锅的风韵，在火锅完全沸腾之前就显露无疑，大红的朝天子在铁格分割的大锅中犹如风华绝世的美人，而再过一刻，这女人就会搅起天翻地覆的浓烈和彻底来。

晓宇火锅
将火锅进行到底

重庆火锅林林总总，曾经有人排出了50强，并据此制作了火锅地图。小面晚上要离开了，中午这顿大餐还是决定将火锅进行到底，于是来到其中排名第一的晓宇火锅。晓宇火锅曾经上过《舌尖上的中国2》，馆子越发地火了，但老板却不愿借机涨价，生怕辜负了重庆老顾客们多年来捧场的情分。晓宇火锅店的装修非常朴素，除了地道的口味外，老板也希望能营造出一种轻松、热闹、熟悉的氛围，让食客们尽情地吃出感觉来。"有时候，等待本身比占有更浪漫。"小面说，对火锅美味的期待加上晚上就要离开重庆的失落，让他仿佛置身《盗梦空间》的幻境。"我在这层，辣到耳聋的感觉在那一层。"

毛肚的吃法

滚烫的红锅逐渐沸腾起来了，这时小面妈妈已经点好了火锅涮菜，鳝鱼、黄喉、肉圆，还有小面最喜欢的毛肚。毛肚被称为重庆火锅四大当家花旦之首。晓宇火锅最大的招牌是它限量供应的稻田水牛的毛肚，口感嫩爽，而涮毛肚更是要有点技术。用筷子夹住毛肚，放到沸腾的火锅里，立刻开始数数，数到7就务必拿起。7秒，少一秒没断生，多一秒则会老得咬不动。表面吸附了大量调料的毛肚让人嚼上去有很强的存在感。

MINI TIPS

龙氏豌豆面

重庆机场附近的龙氏豌豆面，据说飞机都要为此刹一脚。这家开了20多年的老店几乎家喻户晓。主打的豌杂面里，豌豆翻炒软而不烂，炸酱香而有嚼头，同时8元的价格又非常实惠。由于这里常年都有人排队，所以赶飞机的同学要提前留出时间。

▲ 重庆天地结合了本地的建筑特色，建筑外包上了很厚的实砖，让重庆天地整个环境都有着非常扎实、厚重的气质。

重庆天地
本土建筑设计

想了解重庆这座西部老城的艰难转身，那必须要去"重庆天地"看一看。那里代表着重庆打造西部中心城市的方向和信心。重庆天地座落在嘉陵江岸，是重庆最国际化的休闲娱乐地标，汇集了国际画廊、时装店、主题餐馆、咖啡酒吧等，按照重庆人的生活方式和节奏、情感世界进行商业布局。它本土风格的建筑外观设计很有意思：高地村落、吊脚楼等具有重庆地方特色的建筑群落，加上了这里浓郁丰富的山水文化，堡坎、砖墙、青瓦的典型东方特色，再结合玻璃和钢结构的现代元素表达，让这里多元、混搭，好看好逛。

十里洋场里的大鲨鱼

重庆天地被称为最曼妙的"十里洋场"，外国人在这里会聚，这里也集中了最洋气前卫的娱乐场所。其中最特别的是名叫"鲨鱼吧"的高级会所，投资人出资1800多万将酒吧内的一整面墙修建成一个巨大的鲨鱼池。鲨鱼池里豢养了两条来自南非的虎鲨，每条都约有3米长，幸运的话还能看到潜水员入池喂鱼的惊险场面。进入鲨鱼吧就仿佛进入了大自然的世界，室内的墙壁上种植着枝叶繁茂的全真植物，设计者希望顾客们能在会所里重新重视"环保生活"的概念。

图钉
摄影师，善长拍建筑与城市，重庆人

重庆最吸引我的莫过于城市的立体感。轮廓高低分明，错落有致，交通涉及到水、陆、空和轨道；最重要的是文化的立体感。在黄桷坪找艺术家聊莫奈、在水码头找棒棒军摆龙门阵，一盆老火锅，两瓶老山城、三两花生米足矣。

MINI CITY GUIDE | 在重庆，你还可以去这些地方

1 艺术区 — 黄桷坪坦克库

现在是重庆老牌艺术区，20世纪60年代曾做军用仓库，因此遗留下许多军用坦克。紧挨着四川美术学院的老校区，"坦克仓库艺术中心"也是由此发展成西南文艺重镇。还有蔓延几栋高楼几条街的疯狂涂鸦，全世界也难找出更大更震撼的涂鸦街。重庆最有创造力的群体都集聚在此。每年的"新年艺术节"可以淘到年轻艺术家作品。夜市小吃也很有名，坦克库的烤年糕和小凉面，名声丝毫不亚于艺术区。

2 餐厅 — 捌会馆

捌会馆在湖广会馆旁边，离朝天门码头不远，是个很能代表老重庆文化的地方。餐厅内部是吊脚楼设计，菜品也复古，强调古川菜、老川菜、传统川菜。这里的大厨对川菜做过资深调研：古川菜是辣椒没有入菜前，史典书籍、诗词歌赋中有记载的川菜；老川菜是全凭百姓家庭生活中口口相传的菜；传统川菜则是严格按照传统菜谱制作的川菜。这家店还被《舌尖上的中国》采访拍摄过。

3	街区
中山四路	

除了是著名的"历史之路",也是值得步行闲逛的一条街。林立着民主党派博物馆、桂园、周公馆、戴公馆、国民政府总统府旧址和现在的重庆市政府。街道设计保留了旧时代气质的青红砖瓦和古旧拱门,两边建筑也是骑楼风格。桂园里有两棵桂花树一到开花季节,香飘整栋楼。砖木结构的小楼是当年签订"双十协定"的地方。这里既有卖了十几年杂货的小卖部,也有格调颇高的红酒馆,很有趣。

4	咖啡馆
野兽花园	

重庆很火的一家咖啡馆。江北九街有一家店,第二家店在渝北区的财富中心。店里有大量的植物,获过全国室内建筑金堂奖的丹鸿操刀设计,呈现工业感设计风格,拥有大长木桌和冷峻的铁器线条,散落布置着年轻艺术家的绘画和雕塑作品。甜品花样多,做得精致,许多人慕甜品之名而去。文艺青年是这里的常客。"野兽花园"同时也是美国小说家杰夫里·迪弗一本侦探小说的名字。

CHONGQING LABEL | 重庆风物

山城棒棒军

重庆火锅

解放碑

索道缆车

温泉

涪陵榨菜

小面

三峡风光

朝天门大桥

INDEX | 索引

HOTEL

悦榕庄
Add：重庆市北碚区澄江镇温泉路101号
Tel：023-60308888

柏联精品酒店
Add：重庆市北碚区渝南路北温泉公园内
Tel：023-68226666

VIEW

磁器口古镇
Add：重庆市沙坪坝区磁器口
Tel：023-65010003

缙云山
Add：重庆市北碚区北温泉镇缙云山麓
Tel：023-68224497

温泉寺
Add：重庆市北碚区渝南路北温泉公园内

北温泉
Add：重庆市北碚区212国道旁边
Tel：023-68222526

一棵树
Add：重庆市南岸区龙黄公路靠近黄桷垭路段
Tel：023-62467710

重庆天地
Add：重庆市化龙桥瑞天路150号重庆新天地AG02号
Tel：023-63636618

黄桷坪坦克库
Add：重庆市九龙坡区黄桷坪108号
Tel：023-86181968

中山四路
Add：重庆市渝中区

FOOD

大队长主题火锅
Add：重庆市江北区建新西路4号拓展大厦B1楼
Tel：023-67669651

老地方猫儿面
Add：重庆市沙坪坝区磁器口南街5号附13号

凉风垭鱼庄
Add：重庆北碚区蔡家岗镇三溪村庆铃厂路口
Tel：13883178908

南山老幺泉水鸡
Add：重庆市南岸区泉水鸡一条街重文路247号（海昌加勒比海公园）
Tel：023-62465723 62462213

晓宇火锅
Add：重庆市渝中区枇杷山正街93号（枇杷山正街店）
Tel：023-63512840

Add：重庆市渝北区松石支路（龙湖店）
Tel：023-63856338

野兽花园
Add：重庆市渝北区渝北财富中心湖景别墅8号
Tel：023-67883168

捌会馆
Add：重庆市渝中区东水门正街芭蕉园1号2-6号
Tel：023-63656661

龙氏豌豆面
Add：重庆市渝北区渝航路131号附7号

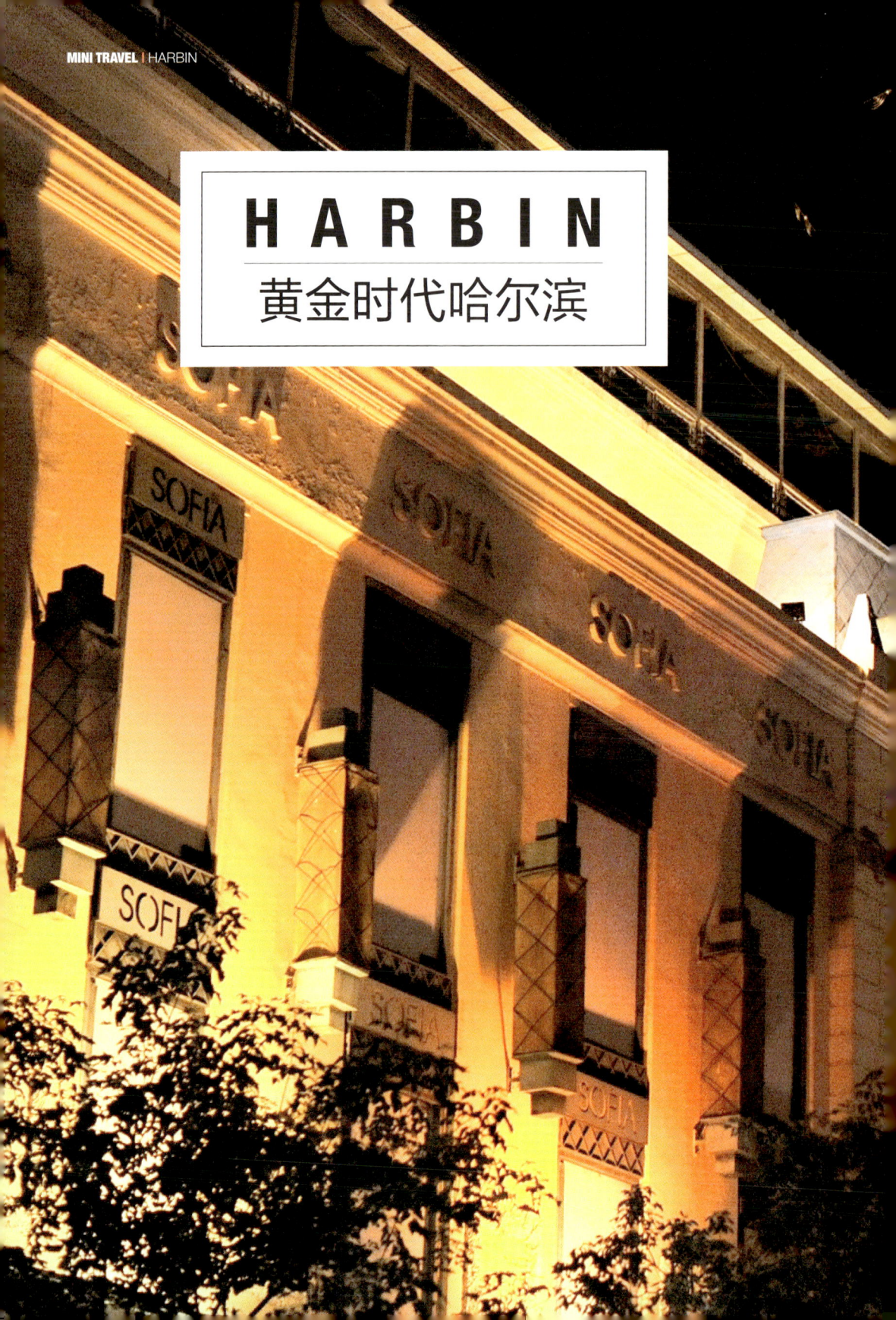

MINI TRAVEL | HARBIN

HARBIN
黄金时代哈尔滨

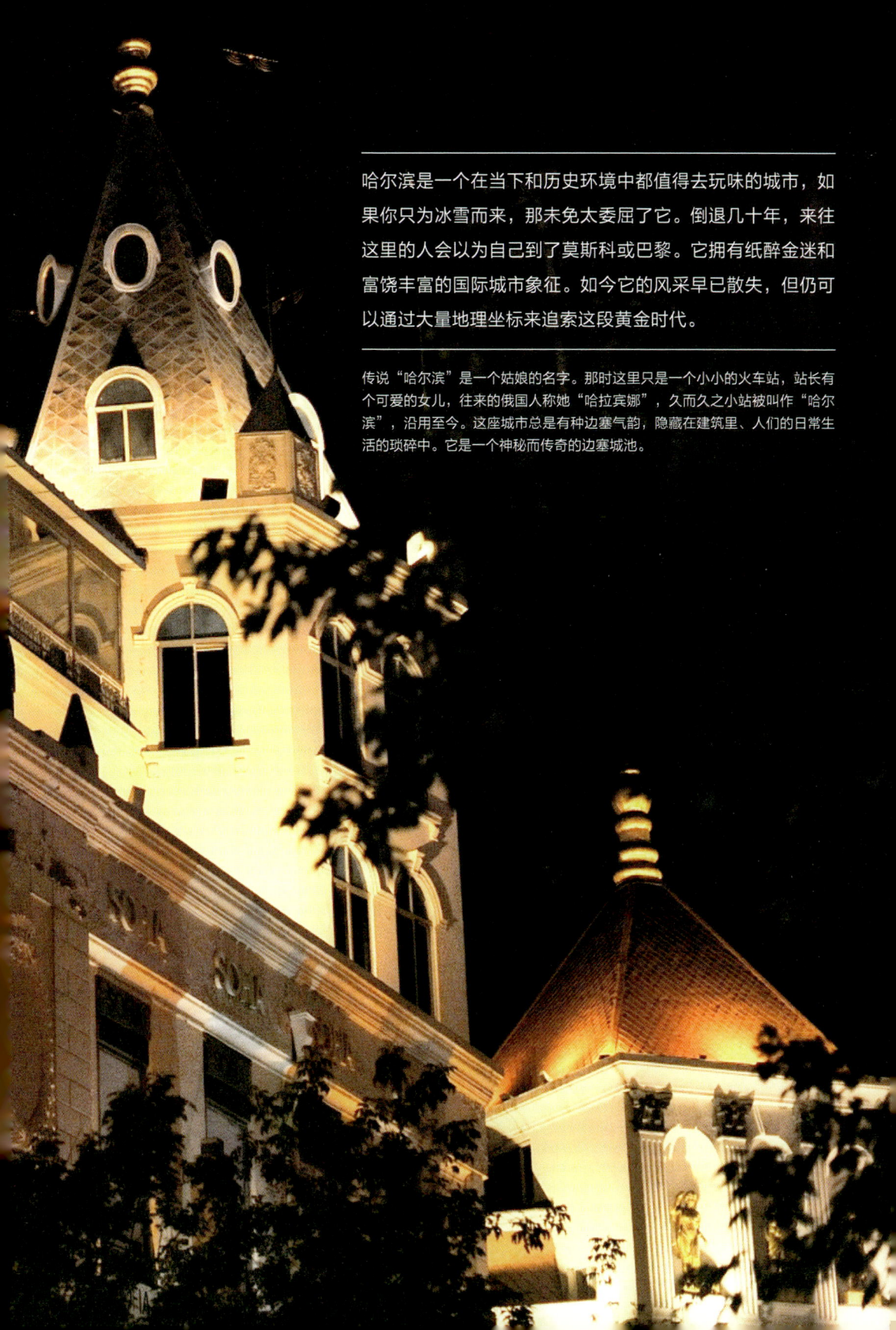

哈尔滨是一个在当下和历史环境中都值得去玩味的城市，如果你只为冰雪而来，那未免太委屈了它。倒退几十年，来往这里的人会以为自己到了莫斯科或巴黎。它拥有纸醉金迷和富饶丰富的国际城市象征。如今它的风采早已散失，但仍可以通过大量地理坐标来追索这段黄金时代。

传说"哈尔滨"是一个姑娘的名字。那时这里只是一个小小的火车站，站长有个可爱的女儿，往来的俄国人称她"哈拉宾娜"，久而久之小站被叫作"哈尔滨"，沿用至今。这座城市总是有种边塞气韵，隐藏在建筑里、人们的日常生活的琐碎中。它是一个神秘而传奇的边塞城池。

MINI TRAVEL | HARBIN

▲ 鞑靼清真寺曾历经百年风雨，清晨，它显得如此宁静。

▲ 白天的喧闹之后，留下夜色中安静的索非亚教堂，在灯光下，仍可清楚看见红砖墙上精细的雕刻与历史的纹理，面对这座建筑，令人驻留，不想归去。

Lonely Planet也许会评价哈尔滨为：最不像中国城市的中国城市。哈尔滨的面貌留在了它最具传奇性的年代。令人神往的欧式建筑差不多被保留了100年，提醒人们想起20世纪初，哈尔滨建市时的样子。

1898年，俄国修建中东铁路之前，哈尔滨市还只有农田和渔港，以及几个大村子。清朝驻扎的水师营地是他唯一的特点，表明他在水陆交通上的优势及军事价值。中东铁路给它带来了巨大的变化。这条企图控制远东的铁路线上，哈尔滨是中心点。接着，涌入了大量的俄国人在此安定居家。日俄战争失败后，又充斥进美国、德国、波兰、日本、法国等33个国家的移民。俄国爆发十月革命后，哈尔滨再次成为了大批白俄和犹太流亡者的聚居中心。各国也先后在哈尔滨建厂，近代工业和出口贸易飞速增长，这里也成为与巴黎、纽约直接往来的亚洲金融中心。

倒退几十年，来往哈尔滨的人以为自己到了莫斯科或者巴黎。从哈尔滨火车站出发，沿着西伯利亚铁路可以直抵欧洲各大城市，直到大西洋沿岸的荷兰鹿特丹。俄国的毛皮、英国的呢绒、法国的香水、爪哇的砂糖、日本的棉布都可以在著名的中央大街上采购到。这里也拥有了远东地区颇有名气的百货公司和高档旅馆，深夜里经常举行西式舞会的酒吧；外国人在这里建教堂、设使领馆、开银行、修住宅。洋气十足的西餐厅、俱乐部和电影院走进了哈尔滨人的日常生活。这是哈尔滨的黄金时代。

黄金时代在20世纪30年代时结束。哈尔滨沦为日伪统治区。旷日持久的战争留下的印记覆盖了繁华洋场。所幸的是，这座城市通过建筑的形式保存了遥远的记忆，不需要翻看史书和文献，我们用几天时间触摸历史就可以温习一切。

▲ 这些老照片和油画作展现了20世纪20年代哈尔滨的都市繁华，那时的哈尔滨人是时髦而且优雅的，紧接着哈尔滨涌入了大批因各种原因迁徙的外国人，这座城市的面貌也变得兼容并蓄、中西合璧。

太阳岛风景区

01 老江桥

中央大街 09
华梅西餐厅 08
马迭尔宾馆 10
波特曼西餐厅 02

CITY GUIDE of HARBIN

艳艳&成林

一个是生于此长于此地道的哈尔滨姑娘，一个是闯荡过人潮涌动的北京城，最后带着历练和成熟回归哈尔滨的IT职场人。这座城市对他们而言，像是一个可以不断挖掘的宝藏

CITY GUIDE of HARBIN

《黄金时代》剧组

由许鞍华导演执导，李樯编剧，汤唯、冯绍峰主演的《黄金时代》讲述了东北女作家萧红的一生。这部成为2014威尼斯电影节闭幕影片的电影取景和拍摄大部分在哈尔滨完成。剧组将为我们独家推荐哈尔滨秘境，本章节部分图片由剧组提供

DAY 1	17:00 游览 老江桥	19:00 晚餐 波特曼西餐厅	21:00 参观 阿列克谢耶夫教堂	22:00 住宿 国际饭店		
DAY 2	08:00 早餐 国际饭店	09:00 游览 索菲亚教堂	12:00 午餐 俄罗斯黄房子	14:00 参观 秋林	19:00 晚餐 华梅西餐厅	20:30 游览 中央大街
DAY 3	08:30 早餐 马迭尔宾馆	10:00 游览 道外老建筑				

颐乡公园

- 11 道外
- 哈尔滨游乐园
- 兆麟公园
- 05 索菲亚教堂
- 哈尔滨站
- 07 秋林
- 儿童公园
- 04 国际饭店
- 06 俄罗斯黄房子
- 03 阿列克谢耶夫教堂

MINI TRAVEL | HARBIN

▲ 这座1015米长的大桥至今仍显得坚实而严肃，尤其是那些沉重的桥墩，里面用石膏白灰浆砌石，表面贴着青色的花岗岩面，在松花江水的冲击之下，肃穆默立。

艾瑞
造型师，哈尔滨人，美食爱好者

上百年的老江桥以火车为主道，人从两侧通过，是环江徒步的好路线。可直接走到太阳岛、东北虎园。当火车呼啸时，轰鸣震撼，谈恋爱的人可以在这种时候大声表白！而且最后一声一定要在火车驶离时喊出。

▲ 结冰后的松花江。这样的场景就是哈尔滨人永恒的家乡记忆。所有色彩鲜艳的建筑都在冬季中回归到了冷艳和寂静。

老江桥
轰动世界的老江桥

哈尔滨人将松花江铁路大桥亲切地叫做"老江桥"，它的确是元老资格，建于1900年，是哈尔滨成为现代城市的起始点。这座铁路建成之后，每天都载着成百上千的欧洲人和工业、贸易的货品往来，将一座古老的江边小镇拉进了远东及世界的舞台。

老江桥位于当年中东铁路哈尔滨至满洲里段的咽喉处，是当时世界上为数不多的特大铁路桥，开工和建成都极为轰动世界。老江桥耗资巨大，施工负责人是俄国工程师阿列克谢罗夫，光是为18个桥墩基础沉箱就招募了350多个工人。桥墩上的桥桁梁专程跑到波兰华沙铁工厂去定制，之后从俄国敖德萨港运往海参崴，经乌苏里铁路运抵伊曼港，再装船顺乌苏里江而下，溯黑龙江、松花江运到工地，最后在现场完成拼装，一直到现在都是质量坚固的典范。

不可错过的桥上黄昏

1962年，老江桥两侧加设了人行便道，便捷了道里和道外两区的交通，也增添了这座桥的人间烟火气。我们的向导艳艳是个地道的哈尔滨姑娘，她告诉我们，老江桥上的黄昏最美。哈尔滨盛夏的傍晚暑气消散，落日的余晖披在铁路桥的铁柱和搬着自行车上下的行人身上，站在桥边吹风，幸运的话遇着一列火车从身后呼啸而过，

▲ 波特曼西餐厅的历史图片中找到这样一张，如今开车至此，留下相似的场景有种致敬的成分。它的建筑外观和食物口感都保留了老哈尔滨的原汁原味。

▲ 餐厅内部陈设也是典型的俄式风格，墙上壁画散发着浓烈的艺术气息，钢琴师会演奏着若有似无的乐曲，女侍者穿着整齐的俄式长裙，安静地服务完，退回到黑暗之中。

感触更加震撼。在桥上看松花江格外不同，站在桥上视野所及之处是一片平坦的世界，周围没有山势或密林的环绕，熠熠生辉的江面壮阔，线条清晰，心情也会随之平缓下来。

波特曼西餐厅
必吃一次俄式西餐

来哈尔滨必须要吃一次俄式西餐。100年以前开始接受西方文化，尤其是受俄国生活方式影响，哈尔滨早已把俄式西餐做得自成一派，甚至变成了很多老哈尔滨人日常生活的一部分。《哈尔滨与奉天》这本书中曾描述了哈式西餐："按莫斯科制果法制出的果子、煮的咖啡，独特的朝食、中餐、夕食，以及其他各种饮料，价格最为低廉"，可见它在市井生活中很普及。

你应该点这些

在各具特色的俄式餐厅中，波特曼西餐厅无疑是一枝后起之秀，它在2002年被国际饭店与餐饮协会授予"国际餐饮名店"称号，是国内唯一获此殊荣的西餐厅。俄式烤乳猪、俄式烤奶汁鲈鱼、红菜汤、鱼籽拼盘是店里的招牌菜。红菜汤将牛骨熬制至少12个小时后，过滤出汤汁，加进牛肉和蔬菜，鲜美异常。另外千万别忘了点一杯餐厅自酿的红酒。哈尔滨的老西餐厅还保留着和国外一样的酿酒习惯。红酒口味清淡，同样适合女士小酌一杯。

张凌建
《悦游》杂志专题编辑

同样推荐西头道街的"露西亚西餐厅"是最富俄式风情和老哈尔滨回忆的地方，其中的老照片、老钢琴、老瓷器留住了俄罗斯女人尼娜在哈尔滨居留的点滴回忆，朴实醇厚的肉饼、罐虾、红菜汤则找回了俄裔华人老板胡泓念念不忘的"妈妈的味道"。

083

▲ 圣母守护教堂呈现出典型的拜占庭式建筑风格，4个六面体小塔上的4个小穹隆烘托着中间的巨大的穹顶，错落有致，凝重庄严。

▲ 阿列克谢耶夫教堂是典型的俄罗斯风格，屋顶有塔楼、洋葱头式钟楼和天主堂，这里的广场上有乐队演出，还配备有按摩师傅，可以为游人按摩。

哈尔滨的教堂
阅读城市建筑史

来哈尔滨，最好不要错过它的城市建筑史。它既保留了16世纪文艺复兴式、17世纪巴洛克式建筑、18世纪集仿主义和19世纪新艺术运动风格，又囊括了拜占庭式和希腊复兴式建筑风格。20世纪初，随着各国侨民的迁入，在哈尔滨修建的教堂曾多达五六十所。让哈尔滨成为保留最多、风格最完整的教堂辞典。教堂是各种建筑风格最崇高的表达，探访教堂也是认识这座城市黄金时代的关键路径。

朝拜、参观和按摩

圣·阿列克谢耶夫教堂是现今哈尔滨保存最完好的教堂建筑。它最美妙之处在于与周围环境的充分融合，它就座落在果戈里大街的中心位置；但又远离街道，以广场为围合，形成一个幽静的小环境，更显得神圣和庄严。教堂的广场设计借鉴了欧洲新建教堂的开放风格，广场四周由绿地围绕，周边是曲线花岗石板做成休闲椅，坐下来很舒适。

▲ 对于哈尔滨的市民来说，教堂的意义早已不再是精神统治的象征，它们与生活休闲融为了一体。圣母守护教堂、尼埃拉教堂、圣母安息教堂和钟楼相隔不远，可以利用一个清晨的时间集中探访。这些教堂大多已不再承担原本的功能，联想它们曾经为异乡人撑起了的一片精神家园，备感唏嘘。

参观这座教堂最好的时间是晚上，有一个小乐队每晚都在教堂前的小广场上卖力演出，路边还配置有按摩师傅。做个按摩，放松地听听音乐，你会惊喜地发现：这个位置也是个极佳的观景点，在古树掩映之下可以看到教堂的灯火辉煌。

由一个清晨出发

市区内有一块教堂集中的地方，清晨出发，赶在游人到达之前游览最合理。圣母守护教堂在果戈里大街的乌克兰俱乐部内，是国内目前唯一开展宗教活动的东正教堂。最吸引人的地方是它巨大"洋葱头"穹顶，绿色调拱状圆形穹窿顶高耸入云。它的钟楼里还保存着一个1899年莫斯科浇筑的大钟，重达2600斤。

出来径直走，旁边不远有一座红色的哥特式建筑，北欧风格简洁明快的砖木结构，只以尖拱和倾斜的屋顶强调其高度，暗红墙壁与翠绿的屋顶则构成鲜明的色差。从东大直街走到哈尔滨市游乐园，这里的两栋颇为神秘的老建筑值得探访：东正教圣母安息教堂和教堂的钟楼。它们是稍不注意就会错过的景观。仔细观看，与之前经过的教堂风格又有许多差异。

Jane
花艺师，曾在哈尔滨生活

秋天来哈尔滨看教堂是最好的季节，典型的秋高气爽，温度宜人。但我记忆里最美的画面却是飘雪时的哈尔滨教堂。尤其是索菲亚，经历过大火，经历过无数人的仰拜，沉着安静地接受雪花的洗礼，给人以信仰。

▲ 四季咖啡厅营造出一种私密的氛围，悬顶和灯光的设计让人仿佛置身在独享的世界中。俯拍的视角更加重这里如古堡一般的异域优雅。

▲ 电梯间保留了俄式的装饰风格，侧面的墙壁上挂满了老哈尔滨的画作，来自于当年的杂志插画或是描摹的老照片，可以近距离看到那时的动人故事。

国际饭店
手风琴式样酒店

如果说教堂还只是纯舶来的万国会产物，那么哈尔滨国际饭店一定是受西方影响，并见证中国革命发展和社会历史进程的哈尔滨地标建筑之一。

国际饭店位于红博广场西南角，迎面对着苏联红军纪念碑，右手边紧邻着灰色尖顶的尼古拉大教堂，从建成之初它就经常出现在画报、明信片和油画里。这座建筑的外观艺术感十足，是一架手风琴的式样，黄灰错落相间，像是手工精致的手风琴褶皱，它的设计者是酷爱音乐的俄罗斯著名建筑设计师彼·谢·斯维利多夫。

▲ 挂在墙上的油画也是历史资料。它们看上去离我们如此遥远：城市建筑和人们的着装风格都体现了哈尔滨当年国际大都市的地位。

名人会聚的房间

国际饭店的内饰保持了20世纪初浑厚的俄式风格，柔和的黄光投射在曲折的环廊中间，红铜色金属护栏闪烁着光泽。电梯间就像是古老的时光隧道，仿佛这是一趟回到过去的旅行。凭着保持原样的房间陈设和走廊里摆放的历史老照片，国际饭店昔日的辉煌迅速涌现出来。20世纪50年代，国际饭店每周六都在五楼举办一次舞会，招待的是国家领导和外国宾朋，朱德、李立三都曾在舞会上跳过舞，周恩来、宋庆龄、彭德怀及梅兰芳、艾青等人住过的房间如今都悉数保留下来，并且面向宾客开放。

艳艳的同事成林晚上投宿在国际饭店。幸运的是他订到了周恩来曾经住过的318房间，房间布置得极其简洁，坐在窗边的沙发上读一本伟人传记，看看周恩来当年站在国际饭店五楼楼顶看到过什么，曾有过多少思考，于是这个地理坐标的意义也就变得不一样了。

"古堡"中的早餐

在酒店里的四季咖啡厅享受早餐会感觉非常浪漫。很少见到咖啡厅会有如此高的悬顶，依然是一种暗色调的俄式风格，自助的餐台用了玻璃和烛台创造出镜面的效果，像是静谧的古堡幽会。咖啡厅墙壁和酒店的其他回廊一样，挂满了哈尔滨久远又摩登的老照片，仔细看，有些场景非常珍贵，这又是一种认识过去的捷径。

▲ 20世纪五六十年代，一些国家领导人和社会名士都曾来国际饭店住宿，如今他们住过的房间仍遵照着当年的陈设，而且面向所有宾客开放。

MINI TRAVEL | HARBIN

圣索菲亚教堂

城市地理坐标

圣索菲亚教堂或许是哈尔滨名气最大的教堂了，它成为哈尔滨的城市坐标。和旁边的城建规划展馆以及所在的建筑艺术广场组成了新的人文景观。金黄色的十字架、绿色的洋葱头穹顶、清水红砖的叠套拱券使圣索菲亚教堂具有了典型的拜占庭风格，雄浑典雅。

▲ 尽管人所尽知，我们仍推荐圣索菲亚教堂，以及它的内部穹顶，值得任何来哈尔滨的人进去抬头一望。它的三角形球面穹隅让人联想到星空和宗教的未知与神秘。

MINI TIPS

大石头房子

位于南岗区西大直街这幢百年的建筑原为中东铁路管理局办公楼，外立面全部由方石贴成，哈尔滨人称为"大石头房子"。也是如今的铁路局办公大楼，一般人很难进入。由此也增添了关于这里的传说，譬如大楼里楼道布局复杂，气势恢宏如皇家宫殿，保存有众多百年文物等等。

内部也同样令人赏心悦目，教堂的穹顶构成了极其宏伟的空间轮廓，带有宗教图案的绿色墙体让人感觉到宇宙苍穹般的宏大。据说，穹隅的发明使得方形基座上可以搭建巨大的圆形穹顶。这是建筑史上的伟大发明。艳艳抬头望，光线正从穹顶上洒下来，教堂里面充满了现代感的光明。

教堂正门的棚顶处是钟楼，悬挂着7座乐钟，每逢重要的宗教节日，敲钟人会把7座钟槌上的绳子系于身体的不同部位，手足并用，有节奏地拉动钟绳，据说连几十公里外的阿城都能听到这铿锵的钟鸣声。

图说历史，了解哈市的捷径

教堂现在变成了哈尔滨建筑艺术展览馆，以老照片的形式展示1946年哈尔滨解放前的城市风貌和市民生活。照片共计400多幅，是从1500多张珍贵老照片中精选出来的，穹顶和墙壁上褪色剥落的彩绘和彩色石英玻璃窗，围构起一个布满了老照片的空间，这些照片记述着哈尔滨从松花江畔一个小渔村发展成为"东方巴

MINI TIPS

傲古雅咖啡店

最早出名是因为它选址在通江街的犹太教堂中，是国内少有的存在于教堂里的咖啡馆。不过现在这家老店已经迁出，在哈工大旁边开了砖街分店。同样是在一所老房子中，有很美的老地板，保留着老房子原来的地下室，用来储存啤酒和菜。傲古雅仍然是哈尔滨最具文艺范儿的咖啡馆。

▲ 有些风景百看不厌，例如圣索菲亚教堂。你可以在清晨看它的日出如何在广场上升，可以在傍晚观察鸽子如何停靠，也可以在深夜巡回此处。它的砖瓦和轮廓像个沉默的故事叙述者，你听到了哪一段？

黎"的早期岁月。在一幅拍摄于当年道外正阳大街的老照片中，20世纪20年代哈尔滨市民生活的富足可见一斑，店铺林立的街道上女人们穿着高开叉旗袍，男人们大多都戴着礼帽，店铺招牌上的"刻字印刷""百货商店"等字样足见当年的富裕和生活风潮。

属于鸽子的广场

每个从圣索菲亚教堂走出来的男女老幼都会在广场上驻足片刻，这里栖落着不计其数的鸽子，你一伸手，有几只就会奋不顾身地扑棱棱飞到你的肩上甚至头顶。广场上很多蹒跚学步的孩子也蹲下来喂鸽子，在孩子面前，小鸽子摆着不紧不慢的架势，一看就知道它才是这地盘上趾高气扬的主人。

程育海
电影《黄金时代》执行制片人

连接中央大街和尚志大街的西十四道街里，隐藏着两栋不为人知的民国建筑。穿过一个廊门，进入小院，保存着几乎没有被伤害的，原汁原味巴洛克建筑。《黄金时代》中的商市街在这里拍摄。只是要小心，这里如今都是三教九流暂住所，脏乱，夏天味道十足，冬天雪后去赏玩，则完全是另外的景象。

▲ 索菲亚教堂展厅内关于哈尔滨的老街道历史图。从一个小渔村发展而来，在最繁华最现代的时候停滞，最终凝固在了它的黄金时代。

MINI TRAVEL | HARBIN

▲ 秋林红肠、大列巴如今已经成为了哈尔滨的一张城市名片，秋林食品这个百年老店把俄罗斯风味做成了地道的哈尔滨特色。参观工厂，买刚出炉的香气扑鼻的面包，也成为一个特殊的旅行体验。

MINI TIPS

前捷克领馆

离秋林20分钟的车程的吉林街52号，是前捷克领事馆：一座带有新艺术主义特征的砖木结构建筑。门窗仍保留着古红色和墙壁上的裂痕组合起来，气度不凡。这座院落曾经做过731部队的办公用房，现在是普通市民居住。院里生长着百年榆树、山梨、榆叶梅、丁香等。午后的院落堪称秘境。艳艳和成林度过了一段惬意的光阴。

秋林

食物的乡愁

每个城市都有关于自己传统食物的记忆。对于哈尔滨人来说，秋林公司出品的食物就是那道乡愁。秋林食品由俄国人秋林于1900年创建，是一家名副其实的百年老店，如今的阿什河街66号，秋林食品依然保持着前店后厂的传统特色。

不得不提的红肠

秋林的红肠是成林来到这个城市后日常的餐桌美食，他喜欢干爽的肠体口感。肠馅结合紧密，切面整齐，白色脂肪丁分布均匀，这些细节都源于精湛的制作工艺。当年随着中东铁路的修建，创始人秋林在哈尔滨开办了秋林灌肠庄，更方便地把东欧立陶宛的工艺精髓带到这里并一直流传至今，这些传统工艺流程如今仍严格遵循。

下午2点30分

秋林生产的大列巴作为俄式传统风味也早已成为哈尔滨的标志性产品，味道先不说，光是手上这沉甸甸的分量就足以说明它的地位。关于大列巴和"列巴郎"的故事很多，但回到它的制作工艺上，一系列的化学反应本身也足够捕获好奇心。大列巴的原料是秋林自制的液体啤酒花酵母，经过三次发酵后，要用硬杂木来烘烤面包炉，啤酒和植物的芳香得到释放。

▲ 老榆树掩映着五层的塔楼，露出穹顶和红白相间的墙体，挺拔高耸的宣礼塔极富宗教感。当年因各种原因迁徙的人们身处困境也不忘把宗教带至此处。

一定要记住秋林面包下午的出炉时间是2点30分，那时等待的人们早已排成了长龙。刚出炉的面包，香气扑鼻，内瓤松软，外皮微焦且脆。更奇妙的是，这大列巴不仅可以吃，还可以"喝"。1900年，俄罗斯技师沃尔洛夫用大列巴做原料，酿造了中国第一瓶格瓦斯，格瓦斯成为当时哈尔滨最为时尚的俄罗斯传统饮料并一直流传至今。

通江街
直把异乡作故乡

离前捷克使领馆不远的通江街108号，是始建于1901年的鞑靼清真寺。这里最初的教徒主要是土耳其人和来自俄国的依特尔人，在俄国他们被称为鞑靼人，所以把这座清真寺称为鞑靼清真寺。同在一条街的82号是另一处值得探访的宗教地点：犹太总会堂。距今100多年历史，二层砖石结构，屋顶有大小错落的两个穹顶，擎起六角圣星。

犹太人是继俄国人之后，在哈尔滨聚集最多的异乡人群。20世纪20年代，有2万多犹太人为了摆脱受迫害的厄运来到了哈尔滨。其中不乏许多对世界政局产生过重要影响的人物，他们都有过来哈尔滨生活的经历。

▲ 了解哈尔滨曾经的岁月，犹太人的生活轨迹必然是无法绕开的。犹太总会堂是当时犹太社区的"精神圣地"和躲避政治迫害的避风港，也是当年犹太人进行宗教、政治和社会活动的中心。

MINI TRAVEL | HARBIN

▲ 中央大街上的方形地砖四角线条浑圆，每一块都长18厘米，宽10厘米左右，形状像刚出炉的俄式大列巴。别看地砖其貌不扬，它们都是竖着镶嵌进去的，据说深入地下有近1米之深，造价和成本都极高，因此当年有"一块砖石就是一块大洋"之说。

MINI TIPS

华梅西餐厅、马迭尔宾馆

中央大街上，处处是被热捧的旅行景点。马迭尔宾馆历史中在整个远东地区都相当知名。如今还能租住到名人房间，酒店里有一个老物品展廊，可以观赏以前的精美的茶具器物。大街上游客必至的是华梅西餐厅和马迭尔冰棍店铺。两者的味道距离从前风光繁华时候究竟有多远，已经无人追究了。

中央大街
锦衣夜行

中央大街是哈尔滨的灵魂街道，灯火通明的夜色中，建筑显得更美更壮观。这条大街呈放射状的道路设计，为人们创造了更多角度的观赏点，建筑物的多个侧面也成为景观。黄金时代里，这是众多欧洲设计师施展才华的天堂，各种流派，各种思想都想在这个博览会上留下作品，整条街上欧式及仿欧式建筑共计71栋。

金子铺成的路

1924年，俄国工程师科姆特拉肖克为这条大街铺上了花岗岩，当时所花成本堪称天价，每一块砖石值一块大洋，这条街相当于是一条用金子铺成的路。路延伸到尽头是松花江呜咽的江水，又回到了我们旅行时那个起点：老江桥。

如今中央大街的每一片地砖都变得光滑，带有旧旧的色彩。盛夏的夜晚在中央大街闲逛，不亚于去德国或意大利的任何一条古老街道。江边小馆坐下，喝一杯咖啡，或是冒着白泡沫的乌鲁布列夫斯基生啤酒，夜晚的江景伴随着拖轮沉重的机械声，好像来到了托尔斯泰的酒馆。如果来时正是隆冬，再严寒也要去马迭尔宾馆楼下吃一支马迭尔冰棍，反而能感觉到暖意盈门，寒意很快退去。

▲ 景阳街一带虽然破败不堪，道外的气质和精髓仍在。老建筑独具一格，在欧式的建筑外壳里面，包裹着中国传统的老四合院，洋为中用，无所谓风格，阳春白雪和下里巴生活本来就是如此衔接的。

道外
老建筑与市井生活

20世纪初，只有道外才是中国人的聚居地。也就是说，其余地方都被外国人占据。道外多的是闯关东的山东人和做买卖的生意人会聚，于是在这里形成了一种奇特的建筑景观，学者们把它叫作"中华巴洛克"。

景阳街374号是1929年建成的中央大戏院，曾经上映各国40多家电影公司的影片。如今这里颓败不堪，转变成了东北二人转的剧场。景阳街一带，虽然不如市区光鲜，建筑特色却足以成为一个博物馆。

从景阳街与靖宇街交口处一直往东，街道两旁是青砖老墙、雕花围砌的欧式风情，走进去后才发现自己正置身于传统的四合院中。这是一种难以描述的空间感。北京的四合院、福建的土楼、拉萨老城区的藏式旅馆扎西曲塔、陕北的窑洞，这里与任何一个围合式居住地都不同。百年的欧式建筑内部，老柳树被包围在二层小院之中，人们在树下烧炉子、晾衣服、抽着烟晒太阳，竟然是这样活生生的市井炊烟。

周惠坤
香港人
《黄金时代》执业副导演、执行导演

道外北三条街的松光电影院，最初，这里是达官贵胄所来之地，上演过欧洲最时髦的芭蕾舞，后来衰败成舞厅、录像厅甚至澡堂子，如今，只能是一家破败仓库了。但松光电影院地址的门口，有道外最正宗的烤串，拿手是烤板筋、羊肉和饺子。如果跟老板聊得开心，他会给你讲述松光电影院的百年历史。

MINI TRAVEL | HARBIN

MINI CITY GUIDE | 电影《黄金时代》剧组带你进入这些秘境

| 1 | 👁 景点
太阳岛 | 如果说哈尔滨有什么地方寄托了最浓重的俄式风貌，一定是太阳岛莫属了。当年这里是白俄贵族聚集地，如今成了风景旅游区，酒店、餐饮一应俱全。如果可以，冬天去太阳岛，别有风情，而且要冬天早上五六点去，顺便能看到晨光照耀的冰冻松花江，美极了。《黄金时代》曾在冬天的太阳岛拍摄，几乎完全不用布置，就可以当作民国的哈尔滨取景，可见其原汁原味。 |

| 2 | 👁 景点
南岗展览馆 | 哈尔滨有句话，叫"南岗住着神，道里住的人"。民国年间，生活最滋润者最多在南岗，了解当时面貌就得去南岗展览馆，临近南岗展览馆有一幢历史保护建筑，如今已经没有名字，但被许鞍华导演选做主景，据说，当年林彪的战事指挥所就在这里，这桩建筑几乎可以说是哈尔滨民国豪华建筑保存最原汁原味的所在了，只是如今并非旅游景点，要进去游玩，必须想点招儿。 |

| 3 | 🍴 餐厅

露西亚

把你在哈尔滨最隆重的一餐献给露西亚一定没错。目前有两家店，我们为你推荐位于头道街那家爬满蔓藤的低调小院。这是一家餐厅，同时也是跌入另一个时空的博物馆。店主像一个史学家般，收藏了一个生长于哈尔滨，名叫"露西亚"的俄国女人的资料，她的故事和传奇的一生，令人动容。它为哈尔滨保存了一种优雅、纪实的历史资料，比任何一个官方博物馆都更温情人性化。

| 4 | 🔑 酒店

万达索菲特大酒店

索菲特是经典的法式奢华酒店品牌，哈尔滨的万达索菲特大酒店继承了来自法国的浪漫DNA。交通特别方便，处在中央商务区，步行百米就是高尔夫球场。"开江鱼宴"、意大利美食节、法国文化月……运气好的话，还能碰上在酒店举办的各种活动。Farfalla餐厅有哈尔滨顶级的意大利餐，为了保证菜品的新鲜度，只有每周四、五、六晚餐营业。

MINI TRAVEL | HARBIN

HARBIN LABEL │ 哈尔滨风物

哈尔滨啤酒 　　　　　马迭尔冰棍 　　　　　大列巴

冰灯 　　　　　　　　东正教堂 　　　　　　红肠

红菜汤 　　　　　　　大厚帽 　　　　　　　格瓦斯

插画 by 郭静

096

INDEX | 索引

HOTEL

马迭尔宾馆
Add：哈尔滨市道里区中央大街89号
Tel：0451-84884199

国际饭店
Add：哈尔滨市南岗区西大直街4号
Tel：0451-82578888

万达索菲特大酒店
Add：哈尔滨市香坊区赣水路68号
Tel：0451-82336888

万达嘉华酒店
Add：哈尔滨市南岗区中兴大道158号
Tel：0451-87878830

VIEW

老江桥
Add：哈尔滨市道外区

鞑靼清真寺
Add：哈尔滨市道里区通江街108号

圣母守护教堂
Add：哈尔滨市南岗区东大直街268号

圣·阿列克谢耶夫教堂
Add：哈尔滨市南岗区士课街47号

尼埃拉依教堂
Add：哈尔滨市南岗区东大直街252号

圣索菲亚教堂
Add：哈尔滨市道里区透笼街95号
Tel：0451-84686904

圣母安息教堂
Add：哈尔滨市道外区南通大街208号

大石头房子
Add：哈尔滨市南岗区西大直街51号

俄罗斯黄房子
Add：哈尔滨市南岗区联发街5号

前捷克领事馆
Add：哈尔滨市南岗区吉林街52号

太阳岛
Add：哈尔滨市近郊松花江北岸
Tel：0451-88192037

南岗展览馆
Add：哈尔滨市南岗区联发街1号

FOOD

波特曼西餐厅
Add：哈尔滨市道里区中央大街西七道街休闲区53号
Tel：0451-84686888

华梅西餐厅
Add：哈尔滨市道里区中央大街112号
Tel：0451-84619818

露西亚餐厅
Add：哈尔滨市道里区西头道街57号
Tel：0451-84563207

傲古雅咖啡
Add：哈尔滨市南岗区砖街15号近百脑汇（砖街店）
Tel：0451-83197582

SHOP

秋林公司
Add：哈尔滨市南岗区东大直街319号
Tel：0451-85938888

MINI TRAVEL | HANGZHOU

HANGZHOU
杭州的禅与境

郁达夫曾经写过一篇《杭州》，开篇就说："杭州的出名，一大半是为了西湖。"想到杭州，自然想到西湖。然而法云安缦的总经理Lukasz Prendke却有独到见解：最代表杭州的元素有两个，一个是龙井茶，一个是古佛寺。

杭州人总说："晴湖不如雨湖，雨湖不如夜湖，夜湖不如月湖，而月湖则莫如雪湖。"同一片湖，在四季和光线的更迭中，变幻出不同的景致。禅意和古典则是杭州永恒的外衣。

MINI TRAVEL | HANGZHOU

▲ 雪后的法云小径。这条600米长的上香古道至今保存完好，一千多年来，无数心怀虔诚的香客见证了这里春夏秋冬的不同景致。

▲ 从天空中往下俯拍，杭州呈现给人们以陌生的一面。城市微旅行的本意也在此：发现你所熟知的城市中不为人知的风景。

法云安缦的总经理Lukasz Prendke说：最代表杭州的元素有两个，一个是龙井茶，一个是古佛寺。1200多年前，杭州的径山与西岭草堂上诞生了世界上第一本关于茶的著作《茶经》。被称为"茶圣"的陆羽，就是在灵隐寺的晨钟暮鼓中泡一壶龙井茶，写下这部经典。"自从陆羽生人间，人间相学事春茶。"自陆羽之后，人间才开始懂得饮茶。

茶和禅的意境阡陌相连。日本茶圣千利休把茶道归结为"和、敬、清、寂"四字，而禅的宗义也是在修行中达到静寂无我的状态。杭州的灵隐寺东晋建成，宋朝时有480座寺庙，被称为"东南佛国"。名士与禅师谈经论道，茶道也因此从寺院庙堂走向民间。

僧人们怎么喝茶？在古刹周围遍植茶树，坐禅时以茶对治昏沉。径山寺的茶宴，充满仪式的庄严：张茶榜、击茶鼓、恭请入堂、上香礼佛、煎汤点茶、行盏分茶、说偈吃茶、谢茶退堂。宾客与禅师以"参话头"的方式交谈，言辞隐晦含蓄。这是智慧的交锋，也是杭州写意的美学。

喝茶、参佛、赏月、游西湖，是杭州必行。明人张岱是这样赏湖的：坐上罩着薄幔的船，烧起茶炉，纯白茶具。船上皆好友，不带家眷仆人，夜游西湖。直到东方发白，在荷花香气中入睡。这种风雅被杭州人变成"四季游览诗"：春天青芝坞探梅，虎跑泉试茶，白堤看新柳、苏堤看桃花；夏天西溪湿地泛舟，听取蛙声蝉鸣，莫干山避暑，曲院赏荷；秋天宝石山赏月，五云山赏枫，六和塔观潮涌；冬天上天竺听禅，南屏山听钟，灵隐寺听雪，云溪坞听风。

真是既风雅又平常。这种迷人的情调让杭州在城市中独立了出来，找不出任何一座城市如它一样美学丰满，情谊十足。它培养了这样一些人：讲究生活品质，擅长写意美学，在自然中探索城市的可能性，物质的充足和心性的平静同样重要。

包哥和Ellie不是杭州人，十年前来杭州的一次旅行却让他们把杭州看作了第二故乡。他们在十年中走过世界上很多国家和城市，看过太多风景。却发现旅行最大的价值不是数量的累计，而是有没有在不同的际遇中更加了解自己。他们仍然热烈地爱着杭州，包哥最爱法云古村和它倡导的隐士般的生活；Ellie则钟情北山路，短短一段路包含了太丰富的景致和风情，每走一步都是一段风花雪月的历史。

DAY 1	11:00 酒店 法云安缦	12:00 午餐 蒸菜馆	14:00 休闲 户外泳池	15:30 下午茶 和茶馆	16:30 游览 永福寺	19:00 晚餐 蒸菜馆
DAY 2	04:30 早课 法喜寺	07:30 早餐 西湖游船	11:00 游览 北山路	12:30 午餐 江南驿	17:00 游览 龙井茶园	

CITY GUIDE *of* HANGZHOU

包哥和Ellie

旅行界的"史密斯夫妇",从十年前他们第一次长途旅行到杭州开始,之后便"最忆是杭州"。十年间,他俩一起走过全世界很多地方,看过无数震撼的美景,然而他们对杭州的喜欢丝毫没有改变,无论春夏秋冬,总想一再回到这座城市

05 永福寺
03 和茶馆
04 户外泳池
02 蒸菜馆
01 法云安缦
06 法喜寺
09 江南驿
10 龙井茶园

08 北山路

中山公园

三潭印月

雷峰塔

07 西湖游船

中国茶叶博物馆

吉庆山隧道

梅灵北路

龙井路

杨公堤

苏堤

三台山路

虎跑路

南山路

MINI TRAVEL | HANGZHOU

▲ 法云安缦在原有法云村的基础上改建而成，它被7座寺庙和一个佛学堂所包围。设计概念是重现"18世纪的中国村落"，所以酒店尽量保持了古村的木头及砖瓦结构，房间也以不同形式遍布于整个小村庄中，绝无重复。

方园
《悦游》杂志专题总监

住在法云安缦可以去找Yuko小姐聊聊。来自日本的Yuko是法云安缦最资深的员工之一，讲一口流利的中文，乐于给人提供很多酒店周边的深入体验。比如，她会建议你除了灵隐寺，再去不远处石笋峰下的永福寺看看；推荐你去福泉茶院喝杯茶。还可能带你去附近定制禅服的隐蔽小店和烧得一手好菜的私房菜馆，都是她自己最爱光顾的地方。

法云安缦
18世纪的中国村落

从杭州市区进入法云古村落，只需要20分钟的车程。这20分钟，就像穿越了一个"时空隧道"。它把包哥和Ellie从闹市带进一个18世纪典雅村落的入口，一个几百年前的中国江南。环顾四周，天竺古村就在一片宁静而古朴的景色中，西湖的支流化成溪涧穿插而行。绿树遮天，隐隐绰绰有着穿着长衫的僧人或修行者走过，好像落入了《桃花源记》那个豁然开朗的山谷。

进入法云村，就进入了杭州最古老的村落，唐朝就有人聚居此处。围绕四周的是七座寺庙：灵隐、永福、法镜、法净、法喜寺等等，佛法昌盛的年代里，它们香火旺盛。如今，有些寺庙破败，有些香客仍多，周围甚至多了一座佛学院。每年大量的禅修者来此处修行，希望在这个佛法离红尘最近的地方寻求到内心真实的平静。

设计师在杭州住了半年，只为抓住杭州真谛

有人来法云安缦是为了赏杭州，也有人来杭州只为住法云安缦。这是安缦集团在中国继"颐和安缦"之后的第二家度假村。法云安缦所处的位置非常低调，看不到它任何明显的标志。它的姿态就像它

▲ 法云径是有1600多年历史的古老石道，连接着法云安缦的所有客舍。它是这里的灵魂小径，度假村内大部分的客舍、餐厅、店铺、和公共设施都位于法云径两侧。法云径是向公众开放的，穿行这里，经常能看到附近寺庙的和尚们行走其间。

本应该在那里很多年一样。实际上，这里内部进行了一场平和而全新的革命。安缦用难以觉察的变化去革新这里的一草一木。酒店共有47间房，全部使用村里的旧屋舍，它们每一间的历史都可以追溯到百年前。木头和砖瓦结构仍然保留，只是邀请设计师将屋舍的内部细节进行改造。现代人所需的一切生活便利设施都隐藏其中，宾客既不会感觉到不便，又能够忽略它们的存在感。

"这个村子已经很美了，所以我要做的，只是尽量保持它原来的样子，在地道和游离的观望之间，形成了一种特别的趣味。"酒店设计师Jaya Pratomo Ibrahim说。有一则让人愉快的传闻：据说这里刚开张的时候，即使是居住在这里的村人，也没有看出来这里被改造过。山仍然在那里，小溪照样流过，人们每天通行的路和昨天一模一样，他们从没想过这里会有什么新的东西出现。这样清浅而不动声色的转换，就像古代武侠小说中描述的悄无声息的轻功，除了安缦，想象不到还有谁可以做到。

世界级的抵达瞬间

Ellie给法云安缦的"抵达瞬间"打了满分。进入酒店的山门，沿着一条法云小径往里面走，就能串联起所有的酒店客房和落脚点。被

MINI TIPS

法云安缦

安缦集团在世界范围内选择最佳的地点建造酒店，他们讲究地理和文化的独一无二性。在中国有两家酒店，一是颐和安缦，就在颐和园里面。二是法云安缦，位于法云古村。一个是皇家园林的气度，一个江南隐士的禅宅。为了在一个佛法昌盛的古村中相得益彰，法云安缦将"禅与寂"的美学设计运用其中，留与自然相处的大段空白。同时提供对应的服务：居住者可以进行禅修或者去寺庙感受佛堂早课。

MINI TRAVEL | HANGZHOU

▲ 在不破坏住宅原有风格的前提下，所有客房均配备了舒适的地暖、空调和网络设施。家具包括独立式的长榻、沙发、餐厅设施、地板和台灯。开放式的卫浴空间处理尤其出色，水槽、洁具、屏风、淋浴间的地面、桌上的野花……每个细节都奢华又内敛，看似普通，实则讲究。室内墙上悬挂着精致的书法艺术作品，室内配有与iPod相容的音响系统。春夏有小院子可以看花赏荷，冬天有雪景在古典的屋顶伴人入眠。

脚板打磨光滑的石板路、迎客古树上的光影、江南农舍的一小角，一景一画，一物一格，传统文化中的虚无和意境一层层展开。行走其中，你就是画中人。

每一间农舍都错落不同。它们像散落田间的糙米，发出朴实无华的光泽。包哥和Ellie感慨："人真是很奇怪的动物，只有当逃离了钢筋水泥的喧嚣，静静地坐在这古朴的院落，你才会发现这才是想要的家园。"无论是前往何处，大部分地方都需要步行，穿过一段段树林中的小径，有可能被露水沾湿衣裳，有可能鞋间挂上树叶，四周弥漫了青草香。要是夏天傍晚，就会有一片蛙声伴奏。

重塑时间的概念

进入房间，古朴简拙的明式家具摆在不起眼的位置，统一的原木色调，给人一种"你已经在古代居住很久了"的感觉，目光所至，讲究的字画与对联能让人陷入沉思。所有客房都配备了地暖、空调和网络设施。它们被隐藏得太好，要找到这些证据还颇费时间。开放式的卫浴空间处理尤其出色，水槽、洁具、屏风、淋浴间的地面、桌上的野花……细节内敛又奢侈，看似普通，实则讲究至极。

法云安缦处处表现出一种高格调的"节制"，这也是一种对于时间的敬畏。就像佛教中的精义，浮生皆苦，人的舒适与灵魂深处之安宁，往往在物质难以抵达的区域，和记忆、传统、以及根生的文化相连。即使是晚上，这里的路灯和灯光也显得暗淡飘摇，昏黄的光让人们自然地想起自己的祖先。居住很多天后你才发现，把时间留给一草一木，诗词歌赋，或者荡漾再三的杯中龙井已足够。你的时间忽然被拉长，或者被缩短，安缦做的事情，就是重塑了"时间"的概念。

带着乡愁的泳池

如果要包哥排列让他感触最深的几个点，泳池是第一个。门庭灰瓦古风，两排的十几张躺椅和遮阳伞，用的是富阳一带的复古江南风格，很中国写意。池中，见不到热带度假村中那一汪蓝色的水，而是淡淡的墨绿色，配合粗砖砌成的地面，一同融入了地域文化中，看上去有一种似有还无的乡愁。包哥在世界各地的泳池里游过泳，但当他看到一个穿着对襟布衣的温婉江南姑娘端着湿毛巾和果汁走向他时，他决定自己最爱的泳池，就是这里了。

▲ 冬天最适合上天竺听禅，灵隐寺听雪，雪中杭州的美在于难得一见，一见难忘。图为雪中的法云安缦。

▲ 法云安缦的露天泳池在一座山坡上，玉兰、翠竹、茶圃、七叶枫、水曲柳，就隐藏在这些丰富的树种婆娑之间。尽管是露天的，这里的泳池却拥有恒温设置，即使在冬天也可以自由舒展，这在全国也是不多见的。

Amanfayun Temple Map
法云安缦寺庙地图

法云安缦与村落的手绘图。西湖西侧,一片幽静的山谷中,周围是农田、寺庙、竹林和苍翠的群山,以及最好的绿茶产地。法云度假村内小石铺路,串联起47处居所。法云安缦位于进香古道之上,周围散落着几座庙宇。图片由法云安缦度假村独家提供。

TAOGUANG TEMPLE
韬光寺

LINGSHUN TEMPLE
灵顺寺

LINGYIN TEMPLE
灵隐寺

CABLE CAR
缆车候车点

LINGYIN VILLAGE 灵隐村

MINI TRAVEL | HANGZHOU

▲ 法云安缦内的蒸菜馆是Ellie此行打分最高的餐厅。夯土墙和纯木门板搭建起来的农舍模样，却隐藏着精致的细节。关键是好吃，每一道菜都通过蒸制而成，保留了原汁原味的精华，口感出奇地好。

▲ 和茶馆招待我们的茶叫"武夷岩茶肉桂"，当地人称"小姐茶"，和茶馆的主人庞颖说："像小姐一样，泡不好会刺激，泡好了则清香柔和，所以一定要用矮的梨形壶来伺候它。"如果泡西湖龙井，要去除它的涩，需用煮沸的虎跑水沿敞口瓷杯杯壁直冲而下，静置片刻后，便有一股清香随杯杯四溢了。

蒸菜馆
蒸东坡肉是一绝

Ellie此行为法云安缦里这家蒸菜馆打了最高分。蒸菜馆在度假村一处古朴民宅中，夯土墙和纯木结构的门板，形制就如同人们常在江南古镇瞧见的老旧屋舍一样。看起来像农舍，里面精雕细琢的高水准却是掩藏不了的。这里大部分菜都是蒸制，清淡却保留了味觉精华。有食客评价说：都说杭州凯悦湖滨28的金牌扣肉是一绝，但是安缦蒸菜馆里的东坡肉比金牌扣肉更胜一筹。豆腐、蒸鱼，蒸猪蹄和原味汤也广受称赞。

和茶馆
饮食的修行

还有一家砖墙瓦顶、土木结构，看上去有点拙，推门进去别有洞天的和茶馆。主人庞颖，做古董出身，对茶的痴迷和专业在圈子里闻名，很多人慕名而来听她讲茶。店内装饰布置得像是一家古董家具店：老家具、佛像、老绣片和历代茶馆的水具，茶客们一边品茶一边观看，视觉、味觉都没有闲下来。吃过了顶级好茶，点几道和茶馆独有的茶菜和茶点与之相配。玫瑰乌龙焗羊排、毛峰虾、龙井茶香鸡……荤菜中加入茶叶，茶香与肉汁交融，去掉了肉类的油腻。最后再来一块茶点，龙井和桂花栗子蛋糕，碧螺春和果肉雪媚娘，大红袍和吴山酥油饼，都是讲究和功夫。

▶ 曾经满觉陇店的江南驿，如今搬到了法喜寺边上，名气依旧大，食客仍然多。做饭的人特立独行，吃饭的人也颇为讲究。她喜欢的客人往往也喜欢她，和她的经典菜品：椒麻鸡、鸡爪、孜然菠菜……

江南驿
"我是一个女的，老的流氓"

江南驿和它出品的"椒麻鸡"都是杭州美食江湖的传奇。坚持了多年青年旅店+餐馆的经营模式，老板兔姐是个传奇人物，她自称为"女流氓"。 兔姐登上过8000米以上雪山，业余登山的第一名。光看这段经历就知道她必定豪气冲天。因此江南驿和她一样有个性：心情好了，买菜点菜做菜她一手包办，做的菜都认真讲究，从不用任何料包。红艳艳油生生的椒麻鸡是镇店之菜，扒开上层的辣椒，香味扑鼻而来，筷子要再往下走才能打捞出鸡块，肉质鲜嫩无比，火候掌握得刚刚好，入口难忘。外地的食客们吃过后流连忘返，很多人会请来杭差旅的亲友打包带回去解馋。

拧巴的坚持

保证每一样菜的口味都恒久稳定，兔姐有种特别拧巴的坚持，她每天盯着厨师出来的菜，若是不上心或者偷了懒，她看一眼颜色就马上知道。你猜她会怎么做？直接把菜端回去，让厨师自己吃掉它。做人也这样直率，吃菜的人也必须是她喜欢的，遇到不爽快的客人，兔子姐完全不会迁就，她会直接退钱把人"赶"走。"有人问我，江南驿对你来说意味着什么？对我来说，它就是我的饭票。我要让自己活下去，稍微比别人活得好一点，我得把我手上的这件事情做好。"兔子姐的坚持让江南驿剑走偏锋，名气颇大。有人周五下班后从北京打着"飞的"赶来这里吃饭，有人盼一顿饭盼了好几年。带我们游览杭州的Ellie等了四年，终于有机会来此尝鲜。

方宏章
知名平面设计师、策展人，居住杭州

江南驿应该是杭州较早做这类小资情调的小饭店，这一类饭店在杭州2003年前后开始出现并发展蓬勃。后来很多连锁的餐厅都受它影响。资格比较老，上天竺那家因为外围环境不错，设计偏混搭为主。人气也颇高。

MINI TIPS

江南驿

一样有性格的是他们的营业时间，中午11：00~14：00；晚餐时间 17：00~21：00，营业时间很短。

MINI TRAVEL | HANGZHOU

▲ 从灵隐寺出来继续向上，便是永福寺。两寺相依，热闹度却相差很多。但正是如此，永福寺却反而多了一些山间归隐之意味，多了一点可以让人静心观赏的留白和隽永。茶园、佛舍、山泉、青石，每一样景色都是静悄悄，连空气似乎都更多了凉意。

方园
《悦游》杂志专题总监

永福寺里的斋饭很好吃，如果临近中午，可以在这里用餐。还有臭豆腐不可错过，是杭州最著名的特色美食。

▲ 古佛寺林立，相隔不远处是灵隐寺、法喜寺等多座寺庙，法云村就是旧时"东南佛国"的一个缩影。

永福寺
有人说这里能找到京都寺庙的感觉

和旁边烟火袅袅香客不绝的灵隐寺不同，同由东晋慧理禅师开山的永福禅寺显得遗世而独立，即便是土生土长的杭州人，若不留意，也不会发现山林之中还有此秘境。与传统佛寺不同，永福寺不设供奉香烛的烛台。少了烟雾缭绕，少了往来磕头的善男信女，更多了一分本真。佛教的本意并非烧香拜佛，在一片宁静中冥思静养的永福寺便是这样吸引了另一批拜访之人。

有人赞它是杭州最美的寺庙。身在永福寺景中游，就像来到一个晋朝时的皇家园林。重修古寺时，为了最大限度地保留山林中的生态景观，设计者打破了历代寺庙依"中轴线"而建的传统，让佛殿禅院随意地散落于山间，和大自然融为一体。

每个寺庙都有它独特的气质，一个资深的大知客总结得准确又幽默：永福寺的和尚，是和尚中的文艺青年。据说这里的方丈月真大师出家之前曾主修艺术，深谙水墨之美，这片寺庙的规划和翻新都是由他亲自监建。在永福寺中还有一片四亩光景的福泉茶园，茶叶从种植、采摘、干燥到炒制的过程都由僧侣负责。天气好时，很容易看到一行僧人带着竹笠去采茶。

▲ 清晨的西湖最美，游人罕至。法喜寺上完早课，包哥和Ellie在酒店门口搭上了去西湖的车。法云安缦早有人提前把他们预定好的早餐摆在船上。餐点中西结合，精致入味。

法云村的早晨
法喜寺的早课

法喜寺的早课给包哥留下了很深刻的印象，这是他此行中最好的体验之一。早课很早，凌晨四点半安缦的电瓶车就出发，沿着一条山间小路将客人送到法喜寺门口。早课内容是全寺僧众于每日的清晨齐集大殿，念诵《楞严咒》《大悲咒》《十小咒》《心经》各一遍，在念诵的起止都配有梵呗赞偈。早课的吟唱似乎有让人静心、抛却烦恼的功效，能够感受到内心彻底的安宁。

西湖泛舟早餐

来杭州，必然游西湖。不想再和游人挤在一起看西湖十景怎么办？法云安缦为住客精心打造了一次泛舟记，他们认为，清晨的西湖最美。一大早，系上的小舟就等待客人上船。不仅可以在晨光中摒弃掉拥挤的游人，观赏静谧的西湖，还能够感受独特的西湖早餐。

包哥和Ellie搭上酒店去西湖的车十分钟后，就到了杨公堤，一条小舟和一桌的食物等着他们。木质器皿中盛放着中式的糕饼点心，西式的布丁、三明治，搭配早上新鲜榨取的果汁，一面品尝，一面看晨光中的西子湖。渔船行进的路线串联起了各个著名景点，让包哥想起了历史上胡适和徐志摩同游西湖的典故。一个是最能讲道理的北大校长，一个是最能谈感情的风流才子，两人一见如故，徐志摩写下了《西湖记》，这几乎可以称为现代游记的开始了。

▲ 法喜寺是天竺三寺中的上天竺寺，有上千年历史。清高宗乾隆后来将它命名为"法喜寺"。这座古寺历尽劫难，却香火不断。无论是叩拜、点香，还是听禅，人们都愿意将心事托付其中。这已经自然地成为了一种生活方式，和品茶寻道相同。

▲ 如果是一幕电影，最能刻画北山路的美的镜头就是背对着坐在这里，从春天吹动树叶的风到夏天繁盛的荷花，变换到秋天的落叶，再停滞在冬天的皑皑白雪里。远处的桥和近处的树也随着季节变幻出不同的布景，这就是百看不厌的北山路。

▲ 从西湖望向保俶塔，湖与塔组成了一幅经典的杭州印象。保俶塔就在西湖北缘的宝石山巅，又叫应天塔。若是爬上宝石山，再看西湖的荷花与断桥，又是不同的景。无论夏冬、早晚，两幅画面都是值得一再赏游的。

北山路
很短的一段路，却有最丰富的景观

相对于包哥随着年纪增长对杭州喜爱之处的转变，Ellie的杭州最爱倒是经得起时间考验，北山路不长，却始终是她眼中真正的瑰宝。十年前最爱这段路，十年后还是，对她来说这是完美的一段路。

北山路在西湖北滨，东临白沙路，西至灵隐路，串起断桥、苏堤与数不清的民国建筑，每一步都是一段风花雪月的历史。一面是最美的一片西湖，一面是绵长的民国建筑。夏天有荷花如期而至，冬天有大雪值得期盼。远可以看到夜色中的保俶塔，近可以观到飘雪中的断桥白堤。可以与爱人牵手漫步，可以与朋友行车驶过。北山路在Ellie心中形成了北山路情怀。

这段路不长，却可能是世界上最美的一段路之一。高大的悬铃木笼盖着两车道的道路，路边有许多新兴美好的店面餐厅，它们为行走这段路的人们提供更舒适高质量的体验。招贤寺、秋水山庄、春润庐、玛瑙寺旧址、西湖博览会工业馆旧址、菩提精舍、抱青别墅、新新饭店……每次到杭州，Ellie都会多次来到这里，不急不慢地一一体会北山路的好。

▲ 西湖龙井的最佳采摘时间是清明前。春夏的茶园里满是翠和绿，却不知道到了冬季，白雪和萧瑟让这里禅意更甚，白绿交叠，婉约之极。

龙井茶园
乾隆是皇帝中最爱龙井的人

乾隆皇帝恐怕是所有皇帝中最爱龙井的。他六下江南，四次来过龙井茶区观看制作茶叶，品茶赋诗，还封了18棵茶树为御茶，派遣专人看守，年年采制进贡到宫中。如今，每天都有四方茶客前来参观老茶树。

西湖龙井，茶之珍品。茶圣陆羽撰写的世界上第一部茶叶专著《茶经》中，就有关于杭州天竺、灵隐二寺产好茶的记载。西湖龙井按产地又分为"狮、龙、云、虎"即狮子峰、龙井、翁家山、云栖、梅家坞、虎跑所产的茶叶，被视为龙井中的精品。

清明谷雨前采摘最好的细芽

龙井茶园傍湖依山，湿润的气候让茶树常年似处在细雨霏霏、云雾缭绕的仙境中。西湖龙井茶讲究取"雨前细芽"，通常在清明谷雨前就要将嫩茶采摘下来。若是三、四月份来，就能在茶园看到头戴斗笠，围着布兜，背着茶篓的忙碌采茶女。新茶采下来，由男人进行烘干炒制，泡出来便是一杯甘香如兰，幽而不冽的龙井茶。

"和茶馆"的主人庞颖却最喜欢梅家坞朱家里的茶园："我认为朱家里的茶园最能代表梅家坞的风格，我们在山里面可以闻到那种湿湿的、甜甜的味道，喝龙井的时候，真的可以把这种湿甜的、秀丽细腻的气息喝到肚子里。"她懂得茶和自然天气的微妙关系，若是年末下了一场雪，茶树被覆盖，来年茶叶的香味会更加清冽。

MINI TIPS

四妹家茶馆

每次来杭州一定要去吃农家菜，喝龙井茶，这是包哥和Ellie杭州旅行的传统。他们最喜欢去龙井茶园里的"四妹家新怡茶庄"。茶庄被几棵参天大树围绕，四妹一家四世同堂，都居住在这里。二姐炒的家常小菜，是江浙农家最淳朴的味道。古树、茶园、诗意、人情味，这些美好的元素统统集中到了四妹家，难怪包哥每次离开杭州前都要来这里。

MINI CITY GUIDE | 在杭州，你还可以去这些地方

1 🔑 酒店

栖迟

东有虎跑泉，西有龙井茶园，向南是九溪烟树，向北是西湖苏堤。处在"杭州最美村庄"杨梅岭的栖迟艺术酒店，只有6个房间，是6个身份各异的主人合伙创办的。"寂照、过溪、法雨、月轮、五云、迟留"每个房间的名字都是一个杭州被遗忘的景点。除了是酒店，栖迟还有多种可能性，前不久曾举办了"诗人摄影师"许熙正的个人影展。由内而外的，栖迟都是杭州最有艺术范儿的酒店。

2 🔑 酒店

九里云松

九里云松本是一条通往灵隐天竺的林荫路，"苍翠夹道，荫霭如云，人行其间，衣袂尽绿"。挨着灵隐寺和财神庙，延续了这份禅意，九里云松酒店设有禅房，请寺院方丈与客人一道品茗、禅修。清早伴着梵音和木鱼声醒来，那份心境是千金难购的。酒店的天香餐厅名气颇大，得益于美食节目和业内人士的推荐。好吃不是没有根据的，所有食材都是来自千岛湖边一家农场直送的原生态时蔬。

3 家居店

Solife

店主是一个沉浸在造物快乐中的设计师，每年会跑两次印尼，找爪哇岛的工匠将自己心中的设计打造成型，漂洋过海的家具还带着印尼的阳光味。这里的家具用的全是再生柚木，让家具能世代相传，环保又带着人情味。身处中国美院滨江校区旧址，长久浸泡在艺术气息里，附近有不少"奇人异店"。隔壁就是杭州"文艺地标"蜜桃咖啡，万晓利、周云蓬等人都曾在"丝联166"老店演出过。

4 餐厅

四季酒店金沙厅

《舌尖上的中国》美食顾问董克平特别喜欢这家店，"不仅因为它的菜肴将传统江南味道与现代表达方式完美结合，更在于这里的景色实在是太美了"。金沙厅在西子湖四季酒店一楼，酒店建在杨公堤的入口，设计成江南庭院的风格，杨柳垂岸，湖光潋滟。餐厅创新了传统杭帮菜，融合进粤菜和上海菜，厨师用的都是新鲜的杭州时令食材，还原食物的本味，在这儿没有招牌菜，却道道都是招牌菜。

MINI TRAVEL | HANGZHOU

MINI CITY GUIDE | 在杭州，你还可以去这些地方

5 🔑 酒店

湖边邨

要复古，也要高品质的舒适度和宽大的空间，这些看上去很难协调的问题，都在湖边邨得到了平衡。典雅的民国式建筑，不豪奢不浮夸，外部是经过精心修复的清水砖墙和木质大门，营造出一个优雅时代的缩影。内部很多细节融入了Art Deco风格设计，17间套房内的灯具、地毯、家具，每一处细节都经过了推敲。套房内的空间也非常大，连浴缸都大得出乎意料，洁具采用的是英国小众奢华品牌Perrin Rowe，非常有品位。

6 🔑 酒店

隐居西湖

在西湖，还可以租一座秘境来隐居。隐居西湖在一些僻静幽深的美景中选址，把民宿民居重新改造装修，增添了高等酒店的设施和服务，人们可以舒适自由地隐居在绝美风景中。上天竺地区的隐居西湖有三栋别墅，分别是"一叶闲""越语禅"和"水闻道"，每一处都能看到佛禅美学。公共空间中还有一间禅房，供住客打坐冥想。这里别墅可以整栋出租，因此很适合与家人、朋友结伴而游。管家服务也堪称一流。

7 书吧

纯真年代

店开在西湖通往保俶塔的半山腰上，房子是江浙一带典型的古朴雅致，白墙木窗。爬完山再坐到半山腰喝会儿茶，看会儿书，体验感一定很棒。店内是几面墙的书架，摆满了各类精挑细选的图书。可以看书、吃饭、喝东西；也可以参加这里的电影沙龙、文化活动。如果坐在室外，风景没得说。清新的空气和绝好的位置能让人精神一振，透过浓密的树枝，下面便是美好的西湖和白堤。

8 餐厅

渔火

曾被媒体评为杭州"最好吃的海鲜面馆"。东海来的老板，日式装潢，国际标准的食材。从家乡带来的大厨，把带着海风咸香的海鲜用传统渔民的烹饪方法搬上了餐桌，做出家里味道。鱼皮馄饨皮薄如玉，入口鲜美撩人，招牌的海鲜面把四五种海味满满地码在碗里，淋上姜汁和黄酒，热腾腾地勾人。爱喝上两口的人不可错过渔火自酿的桂花酿，虽按照日本清酒方法制作，口感和香味却比清酒更胜一筹。

MINI TRAVEL | HANGZHOU

HANGZHOU LABEL ｜杭州风物

龙井茶

雷锋塔

小笼包

断桥

西湖醋鱼

灵隐寺

东坡肉

油纸伞

藕粉

插画 by 郭静

120

INDEX ｜索引

HOTEL

法云安缦
Add：杭州市西湖区法云弄22号
Tel：0571-87329999

隐居西湖
Add：杭州市西湖区上天竺363号、365号、367号
Tel：0571-89986561

栖迟
Add：杭州市西湖区杨梅岭村乾龙路134号
Tel：0571-85121331

九里云松
Add：杭州市西湖区灵隐路18-8号
Tel：0571-87987999

湖边邨酒店
Add：杭州市上城区长生路57号（蕲王路口）
Tel：0571-85397677

VIEW

法喜寺
Add：杭州市西湖区天竺路239号
Tel：0571-87986176

永福禅寺
Add：杭州市西湖区灵隐寺法云弄16号
Tel：0571-87965671

梅家坞
Add：杭州市梅灵南路1号

灵隐寺
Add：杭州市西湖区灵隐路法云弄1号
Tel：0571-87968665

宝石山
Add：宝石四弄19号宝石流霞附近

北山路
Add：浙江省杭州市西湖区（东起保俶路，西至曙光路）

FOOD

蒸菜馆
Add：杭州市西湖区法云弄22号安缦酒店内

和茶馆
Add：杭州市西湖区法云弄22号安缦酒店内
Tel：0571-87979556

江南驿
Add：杭州市西湖区天竺路355号（上天竺店）
Tel：0571-87153273

四季酒店金沙厅
Add：杭州市西湖区灵隐5号杭州西子湖四季酒店1楼
Tel：0571-88298888

渔火
Add：杭州市西湖区文三西路28号-1
Tel：0571-86523043

桂语山房
Add：杭州满觉陇路2-1号
Tel：0571-87977677

绿茶餐厅
Add：西湖区龙井路83号（龙井路店）
Tel：0571-87888022

四妹家新怡茶庄
Add：杭州龙井路141号（龙井茶园内）

SHOP

SoLife家居
Add：杭州市滨江区滨盛路4309号六合天寓商铺
Tel：0571-88222127

纯真年代
Add：杭州市西湖区北山路街保俶塔前山路8号（近保俶塔）
Tel：0571-86940779
87968178

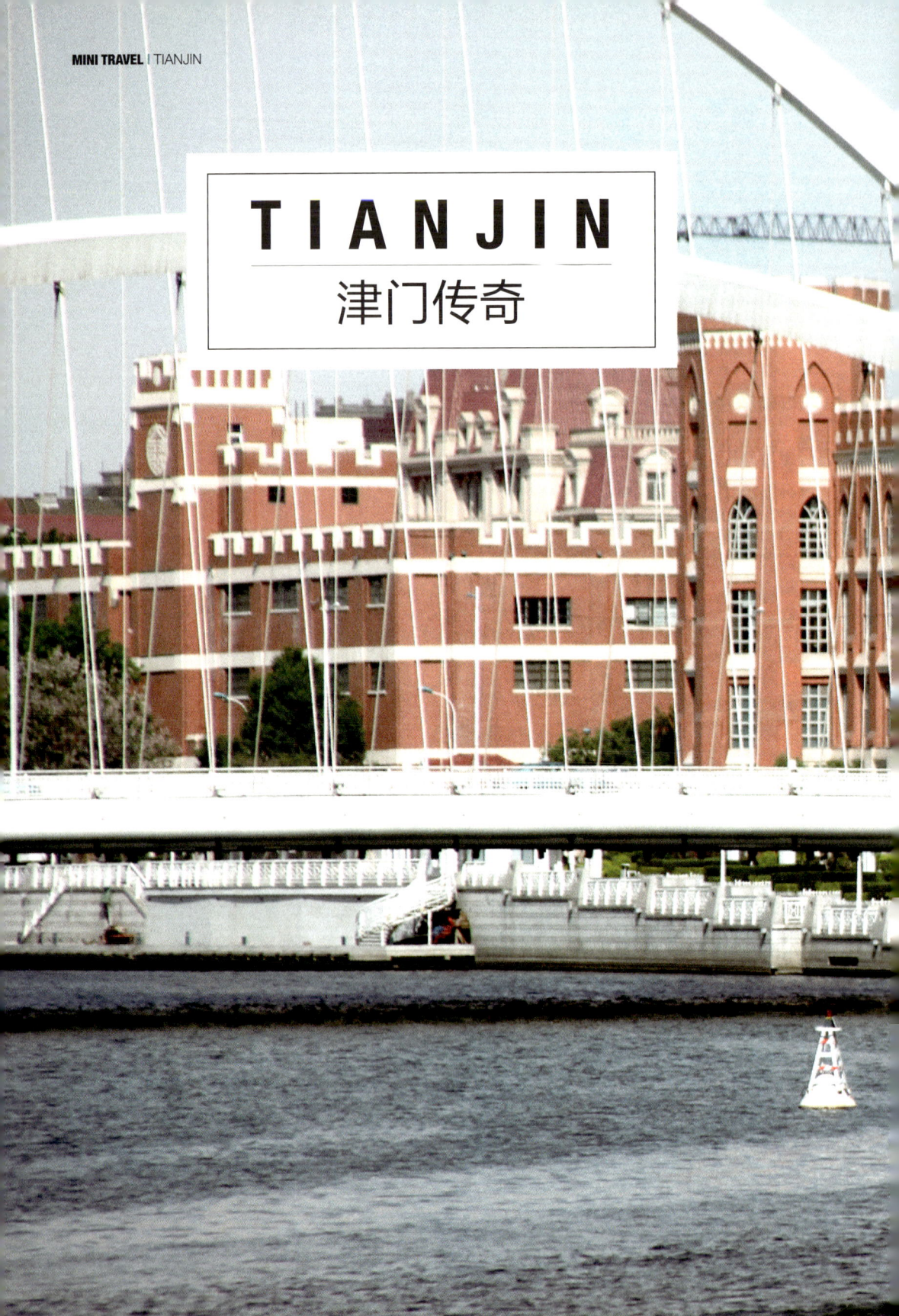

MINI TRAVEL | TIANJIN

TIANJIN
津门传奇

许多了不起的城市里，都有一条了不起的河流。对天津来说，海河是贯穿城市始终的灵魂河流。它为这座城市带来了港口文化、租界文明；带来了外国资本和西方的生活方式。100年中，华洋杂处，中西交流，天津是到达政治中心的捷径，是传奇人物的后院。跟随海河的走向，这座城市最终变得保守与吸收、包容与排斥、传统与现代。

海河是这座城市最重要的文化，它穿城而过，将北运河、南运河、子牙河、大清河、永定河与渤海沟通。跟随着这条河流的走向，天津也塑造了它最明显的城市文化。

MINI TRAVEL | TIANJIN

▲ 孙中山、周恩来、十世班禅、溥仪、张学良、胡佛、梅兰芳，这些风云人物都在天津停留过，也都住过利顺德酒店。墙上的壁画记录着他们的故事和半个中国的历史。

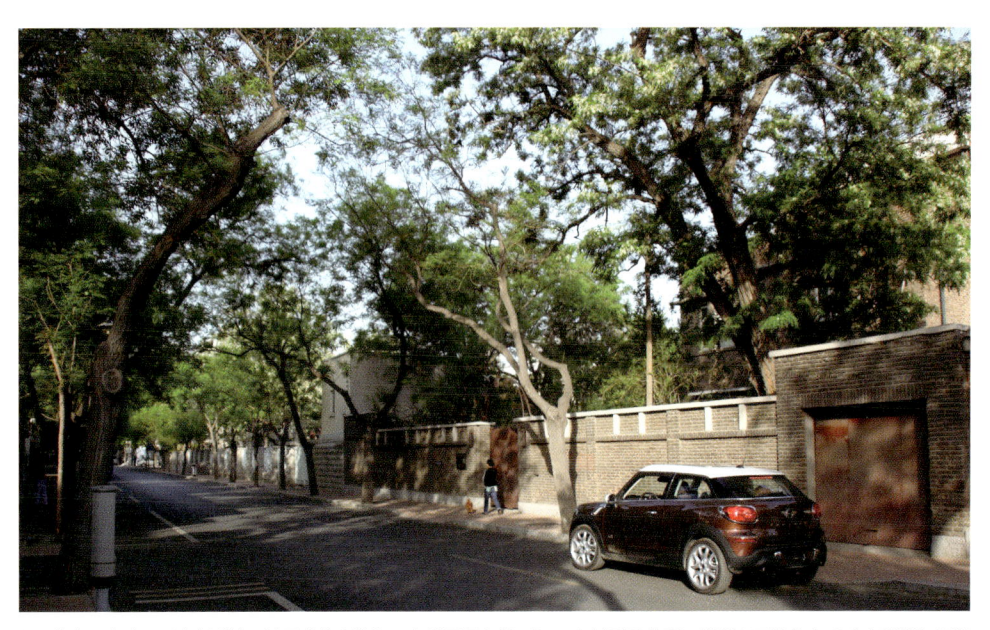

▲ 北京四合院，天津小洋楼。清早或傍晚游逛五大道是最好的时机。老城刚刚苏醒，停留在天津的上千座小洋楼在朝阳中迎来新的一天。

天津是个充满故事、特色却不够鲜明的城市。你无法用一句话定义它最大的特点。这样略带含糊的感受就像为天津棱角分明的大汉脸上蒙了一层薄纱，实在是不匹配，有一种想立马揭开的冲动。

拥有这样的特点，最大的原因是和北京毗邻。天津又称"天津卫"，北京的卫城，守卫在国家的政治心脏旁边，天津这座城市的功能似乎都被剥离了一点独立性。兴也北京，落也北京。天津的繁华是从19世纪末开始的，当时外商们要在中国开埠，建造领事馆，与官方交流沟通。北京的高压和保守尚未允许外资随意进入，洋人们退而求其次，奔向临近的海港天津。后来强国入侵，租界区盛行，短短几十年间，天津大街摇身变成了万国建筑博物馆，成为当时最洋气的地方。作家冯骥才回忆小时候的天津，洋气和上海是并行的，是一座优雅的、中西结合有仪式感的城市。

民国时期的北方名流，各个都在天津有别墅洋房。这个特点成为我们今天去天津旅行最大的看点：名人故居扎堆。看看门匾：都是近现代中国历史中震耳欲聋的名字。梁启超饮冰室、李叔同故居、曹禺故居和袁世凯、冯国璋宅邸等，末代皇帝溥仪的静园，霍元甲的农舍陵园，张学良故居，民国总统黎元洪的故居，张自忠故居，小洋楼，五大道上的万国建筑……大半个中国的故事都说完了。

依靠海河来辨认天津是最好的线索。天津整座城市的设计都以海河为中心。天津南北长，东西狭，夹河而立，主要街道都与海河平行或垂直；市区被分割成东、西两部分，因此才能看到那么多特色鲜明的大型桥梁。海河两边是最黄金的位置，各大高级酒店、金融机构林立，这有一点上海外滩的趋势。

天津人大多有一个共性：幽默。幽默感与生俱来，从历史中、相声里、市井生活中提炼而出，天津人很能侃，上天下地口吐莲花，总能找到特别的笑点。相声行业兴盛，人们的娱乐可不只是电视机旁边那么乏味。还有一个专门的词汇描述天津人的幽默，叫"哏儿"。就是指人讲话特好玩儿、好笑、有意思。

03 卫鼎轩
01 悦榕庄
天津站
解放桥
02 瑞吉
滨江道
利顺德博物馆 08
05 赵师傅煎饼
利顺德酒店 06
解放北园
民园西里
07 五大道
庆王府

CITY GUIDE *of* TIANJING

柯柯

天津人，半个酒店研究者。工作需要她在不同的城市穿梭，宅在酒店的时间比待在家的时间还长。这一次她带着我们重游自己的城市：天津

DAY 1

13:00 酒店	14:00 下午茶	19:00 晚餐	20:30 游览	21:00 夜宵	23:00 住宿
悦榕庄	瑞吉	卫鼎轩	海河夜景	赵师傅煎饼馃子	利顺德

DAY 2

06:00 游览	07:30 早餐	09:00 参观	12:30 午餐	14:00 游览
五大道	利顺德	利顺德	水岸中餐厅	利顺德博物馆

04 海河夜景

河东公园

二宫公园

人民公园

MINI TRAVEL | TIANJIN

▲ 欣赏海河夜色的方式有很多种，泡在悦榕庄超大的圆形浴缸俯瞰窗外，不失为一个独特的视角。酒店的设计吸取传统水墨画的线条和韵味，素雅的装饰隔离了都市的喧闹声。最美的地方是布满植物的天井，阳光和星光都投射成斑块在地面移动。

闫夏
《悦游》杂志专题编辑

除了几家国际连锁品牌酒店，也别错过在五大道的老房子中留宿的体验。重庆道的庆王府精品酒店建在十几栋原名"山益里"的红瓦砖墙老别墅中。一居别墅的房费和城市中五星级酒店的双人间相差无几，非常划算。除此之外，常德道民园西里的民园三三精品酒店也很特别。虽然也建在历史建筑中，这里的内装却是极简工业范儿。七间客房，一方小院，安静私密。

悦榕庄
大浴缸中看海河

一年365天，大部分时间都在酒店度过的柯柯，发现自己竟然从未到过天津（她本应该最熟悉的城市）的悦榕庄。这是中国北方唯一一家悦榕庄，大气的外观和其他声势浩大的酒店一起，组成了海河边的景致。相比较柯柯去过的其他悦榕庄而言，天津这家商务酒店气质较浓，房间布局和设计上新意和特色尚缺。不过整个房间里的颜色都采用了最安全的素色，亚麻色的窗帘和沙发，这一点让人很放松，在都市中能够快速回归到自然与宁静中来。

最喜欢的地方有两个：一是窗户旁边的大浴缸。在不算宽敞的空间里，这个超大浴缸带来了豪奢的体量感。在这里泡澡，透过木框质地的窗户，就可以欣赏到海河的风景。尤其是夜晚，相信这里观看到的夜景不逊于游轮上的风光。另一个是酒店中的天井，小圆桌凳在宁静中招呼人休憩、看书，旁边是写意的绿竹，俯瞰下去，阳光斑驳，非常美。

悦榕庄和水

水是悦榕庄永恒的主题：天津悦榕庄就临着贯穿城市的海河而建，是这个城市的高奢地段。三亚悦榕庄是国内首个全Pool Villa 酒店，61个独立游泳池镶嵌在每个别墅，推开卧室门，可以直接跃入水池；杭州悦榕庄索性躲进了西溪湿地的湖水中；澳门悦榕庄给

▲ 悦榕庄里的商店悦榕阁，一般会结合所在地挑选一些精致的手工艺作品售卖。这个烛台使用泰国的青铜铸造，演绎的却是中国的故事。大多高档酒店会在自己的商店里推广代表民间艺术和传统技艺的商品，也是鼓励传统文化繁衍传承方式的一种。

时髦的年轻夫妇提供浪漫刺激的水上婚礼。把水元素融进酒店和城市，悦榕庄玩味出了新的设计。

从这里延伸到世界

旅行中某个场景和地方总容易让人联想到其他地方。柯柯居住在这里半天，记忆便带着她重温了一遍悦榕庄世界。香格里拉悦榕庄对于柯柯是一场惊喜的相遇。"这哪是一家酒店，分明是藏地贵族的宫殿"。这里变幻莫测的天气决定了一天的玩乐。天好时，可以坐在巨大的露台畅快呼吸，听山谷送来清凉之风。恶劣的天气里，就躲进转经筒图案的厚实门帘，围炉烤火。

柯柯还对位于曼谷金融区的悦榕庄印象很深。这是一间"繁华都市里的避世绿洲"，位于61层顶楼露天的Vertigo西餐厅和Moon Bar是酒店最令人激动的地方。柯柯正好遇上泰国的雨季，雨过天晴，一道美丽的彩虹从湄南河上升起，极其震撼。而顶楼的Moon Bar，像是一个"世外桃源"。夕阳落下时，这是在"一览众山小"的高楼之巅，可以环顾360度的金色天空和城市；到了夜晚，这里变成了全幕幅的星空，"伸手可摘星辰"而"不敢高声语"。这样的独特体验，成为了柯柯一生难忘之景。

▲ 与旅行有关的"发散"也是旅行中最珍贵的事情之一。柯柯总想起自己在不同时间、地点经历过的不同悦榕庄。比如曼谷悦榕庄的对面是一片原生态林地，环保的泰国政府为这座都市保留下最后一块"绿洲"。雨过天晴，常能看到绚丽的彩虹从湄南河上升起。香格里拉悦榕庄中的赭红色藏地特色，则成为一种难忘的细节呼之欲出。

129

▲ 瑞吉酒店大堂巧妙地延伸到了室外，沿河而设的露天餐区，午后在这里喝下午茶成为这里的经典项目之一。到了晚上，这里摇身变成了一个河畔酒吧，可以看到不远处获得过菲戈奖的大沽桥。

瑞吉酒店
来海河边喝下午茶

从悦榕庄出来沿着海河走不多远，就来到了瑞吉酒店。瑞吉的设计在海河上非常显眼，取"津门"二字的象形，久负盛名的SOM公司把瑞吉设计成一道由玻璃幕墙铸成的巨大镂空建筑，有凯旋门的气势，既复古又未来。穿过大堂，壮阔的河景海风迎面扑来，感受强烈而壮观。酒店大堂吧巧妙地延伸到室外，在这里喝下午茶，也成为风景的一部分。

优质管家服务

100年前出现在纽约的瑞吉酒店，号称全球最奢华的酒店，配备是全欧洲化的服务。另外，阳光、鲜花、经典的下午茶和瑞吉的管家服务一直以来深入人心。天津瑞吉提供万能的管家贴身服务，每个客房中端放着一个酒红色的箱子，客人任何需求几乎都能在这个管家箱里得到满足。柯柯在这里与朋友偷得浮生半日闲，面对辽阔海河，享受着瑞吉提供的下午茶套餐。眼前是海河平静的波浪，抬头不远处是两条不规则曲线构成的大沽桥，简洁感十足，又带着强烈的设计特征。设计师邓文中把大拱面向东方，小拱面向西方，有兼顾日月的意思。这个设计得到了全球桥梁设计最高荣誉菲戈奖。

MINI TIPS

"津门"瑞吉

设计出哈利法塔、纽约华纳时代中心的SOM公司，将"津门"概念引入天津瑞吉酒店的设计中，具象化地把人们心中"津门"的概念呈现出来。这座钢筋水泥与玻璃幕墙构成的立方体具有"未来"的模样，天然地融入到了海河边的景致中，成为天津新地标。

▲ 卫鼎轩所在的曹公馆中西合璧，由四合院及南侧跨院组成，并配有檐廊、天桥、平台和小花园。桌上半躺着的美人雕塑就是"四姨太"，京剧名伶"九岁红"。因为她的劝说，一生毁誉参半的曹锟立誓不当汉奸，保住了晚节。

卫鼎轩
总统家的私房菜

北洋政府最后一任大总统曹锟是个戏迷，还曾自导自演过一出"贿选总统"的历史闹剧。他爱看戏、捧戏子，一妻三妾之中，最宠爱的四姨太刘凤玮就曾是京剧名角。位于鼓楼北街的曹公馆便是他当年送给四姨太的宅院，如今翻修成主打天津私房菜的"卫鼎轩"。

曹锟在天津有四处豪宅。此处始建于民国初期，精致的中西合璧。现在步入其中，炮台庭院还留存着历史的模样，服务员穿着民国式样的服装笑脸迎客。二楼的主卧被改成了VIP单间。天津民间流传着"吃上一顿鲜，死了也不冤"的食谚，津菜由鲁菜打底，杂糅进西餐的精致，把海河两鲜当作主要原料。

必点之菜

身为总统的曹锟口味刁钻，卫鼎轩整理了史料记载的曹家食谱，改良出公馆私家津菜。例如四姨太爱吃虾，卫鼎轩有一绝"姨太俏虾球"。堪称镇店之菜的是"天津四喜碗"，浓缩了津菜传统名吃八大碗的精髓。作家王蒙吃过卫鼎轩后赞其味美，留下"百年公馆，津味流香"的墨宝。

马钊
天津电视台主播；资深美食主持人

想吃老天津菜还可以去津菜典藏，有一道"噌蹦鲤鱼"，别的地方很少做了。还有一道猪脸肉，要卷上刚出锅的死面烙饼，加上小葱，一大口咬下去。八里台桥下有家"九河居炸酱面"每天爆满，所有人都为它的面而去，但我每次都买一份炖猪蹄，味道太棒了，以至于我都忘了它是一家面馆。

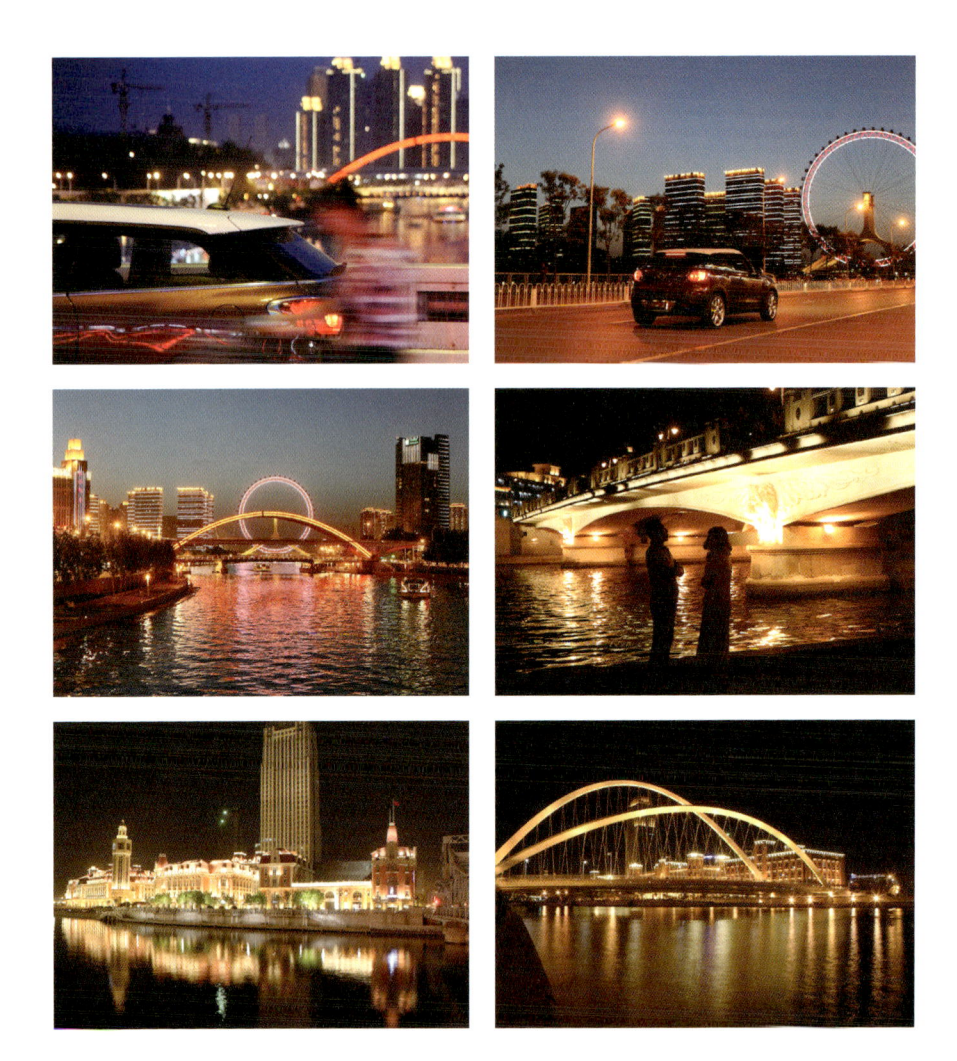

MINI TRAVEL | TIANJIN

▲ 很多经典的城市都有一条了不起的河流，巴黎的塞纳河、伦敦的泰晤士河、维也纳的多瑙河……在天津，海河塑造了整个夜景中的精华。法国阿兰说："美既不让人喜欢，也不让人讨厌，而是让人为之驻足。"如果说小洋楼和五大道是天津的一张老名片，海河夜景则是它最新的邀请函。据说整个河岸的灯光设计师特意邀请了巴黎塞纳河的灯光操刀手。光线下的瑞吉酒店、大沽桥显出了与白日里截然不同的壮观华丽。就像菲茨杰拉德小说中的豪华府邸，穷极奢侈之势。继续往前走，解放桥一带的夜景更像一座通天不夜城，天津火车站和津湾广场的景观照明将建筑本身的雄伟壮阔都勾勒出来，显得气势不凡。

海河
河流下的人们

凡大江大河流过，留下的痕迹总能孕育出灿若星河的历史文明。巴黎的塞纳河、伦敦的泰晤士河、圣彼得堡的涅瓦河，悠久的城市里缺不了一条了不起的河流。天津河道多，小河汇进海河，奔流向大海。乾隆下江南时，还御赐天津一雅号，"北方小江南"。

津城人在海河的滋养下，浸润了北方人豪迈粗犷的个性，天然有了一股自我消解的正面能量。能贫能侃，爱跟人逗闷子，"哏都"是对天津最形象的描述。虽是繁忙的港口城市，天津人却把日子过得不慌不忙，把持着自己的节奏。安逸与闲适才是这座城市的个性。

游河必游桥

有河必有桥，游河必游桥。在天津海河更是如此。百十年间，海河周边的桥走马灯地修建，如今保留下的都是经典中的经典。解放桥长久以来披着一层神话色彩，年代久远，关于大桥的设计师是谁，至今还是一则悬案。坊间流传着一种说法，解放桥出自法国埃菲尔铁塔的设计师居斯塔夫·埃菲尔之手。但学术界有人质疑，造桥的时间和设计师去世的年份相隔不到两年，实际操作性不大。众说纷纭之下，至今仍无定论。

两条不规则的曲线构成大沽桥的主体形态，这在讲求对称美的中国并不多见。人称"邓氏桥梁永不日落"的著名桥梁设计师邓文中造了这座桥。大拱面向东，象征太阳，小拱面向西，象征月亮，它获得了当年的菲戈奖，全球桥梁设计最高荣誉。

天津之眼

自"伦敦眼"成为伦敦的地标后，世界各地都在兴建各种摩天轮，不过，直到今日伦敦眼也还只是一个临时建筑。业主多次提出拆除，只是太受市民追捧，拆除的提案才一直被搁置。天津也是时尚的追随者。仿照伦敦眼，35层楼高的永乐桥上的天津眼已然成为情侣约会新地标。当摩天轮转到了最高点，不可否认的是，这里是城市最好的观景台，目所能及方圆40公里外的景观，夜晚的繁华与璀璨尽收眼底，一派不夜城。

马钊
天津电视台主播；资深美食主持人

除了五大道外，天津的精华几乎都集中在海河两岸。所以来天津第一件事就是游海河。怎么游？白天一定要驾车，从海河东路、海河西路开，看完所有的桥。还应该配一个优质私家导游（像我这样的）。晚上则一定要坐船，吹着海风再看两岸的夜景，会以为自己在欧洲。（当然，你的游船里关掉喇叭解说声就太好了）。

▲ 行至解放桥尽头，有7个以"浪漫心港"为主题的人体雕塑，很长一段时间都成为游客们的话题。这些雕塑看起来热情奔放，有点过于"大胆"。不过官方说，这是借鉴了罗丹、马约尔、布德尔三大欧洲雕塑家的作品为原型，再加工处理成的新的作品。

MINI TRAVEL | TIANJIN

▶ 利顺德，中国最古老的酒店，100年中天津人认为最高级的地方。这栋建筑座落在当时天津英租界的维多利亚道，就是在这个门口，宋庆龄、周恩来、李鸿章、格兰特、梅兰芳等人随着旋转门出出入入，无数个历史事件在这个门内发生转折。

朱昕苗
艺术、时装编辑，资深酒店体验者

利顺德中庭的长廊连接酒店的新老两栋建筑，这是整个酒店最生动的部分。经过时一定要放慢脚步，你会看见镜中的自己，看见时光。奢华酒店易造，人生经历难寻。Life is the collection of experience，正是豪华精选品牌倡导的精神。而午夜的利顺德海维林酒吧，用这座城最动听的女声串起了善男信女的真情故事。

利顺德
中国历史最悠久的酒店

中国历史最悠久的酒店不在北京，不在上海，而在天津。1863年随着洋务运动诞生的利顺德酒店，经历了封建王朝、军阀割据、国民政府和社会主义，见证了一个半世纪的天津风云变幻。1860年英法联军攻占天津后，传教士殷森德拿到维多利亚女王的手谕，修建了这座中国第一家涉外大饭店，名字取自孟子的"利顺以德"，简单三个汉字涵盖了所有美好的寓意。刚建成时，它只是一座英式平房式样的客栈，因建在海河的泥潭之卜，人们戏称为"泥屋"。1937年，天津被日军占领，利顺德改称"亚细亚饭店"，直到1945年日本投降后，才恢复了"利顺德"的本名。

重回维多利亚风格

利顺德前后经过三次改建，最近的一次是2009年进行的修复，大名鼎鼎的室内设计师Alexandra Champalimaud操刀改建，她主理过伦敦多彻斯特和纽约卡莱尔等历史建筑的设计项目。2010年，德翼楼被还原到1886年的维多利亚时代建筑风格，保留下那时客人出入的木质旋转门、雕花的拱窗，手工缝制的地毯安然躺在古老的木地板上。

设计师打破大堂幽闭的空间结构，挑高成8米，宽敞而明亮。改用玻璃屋顶打造的维多利亚大厅，保证了室内通透的采光又很环保。明媚的天气，阳光满溢在米色调的家具上，来份英式下午茶消磨掉一个下午，穿过维多利亚花园，则是现代摩登的海河翼楼，完全现代化的配备，是另一片全新的天地。

▲ 利顺德的室内摆放着英式风格的古典家具，细微之处总能发现英国匠人一斧一凿、大气典雅的精细手艺。坐在沙发上，有一种穿越到《唐顿庄园》中英国贵族的城堡的感觉。

▲ 分别是酒店开阔典雅的大堂、走廊和老式电梯。逡巡在百年的长廊之中，历史随处皆是。酒店最年迈的"员工"是那部奥的斯电梯，它最早出现在1924年，也是中国最早的一部电梯。不同历史人物都在不同的时间维度里交汇于这个幽闭的空间里。老骥伏枥，这部电梯至今还能运行。

MINI TRAVEL | TIANJIN

▲ 值得庆幸的是，如今的利顺德保留和恢复了昔日的繁华与格调，进入其中，所能观看到的不仅仅是一间普通的酒店，而是半个中国的近现代历史。利顺德的博物馆里珍藏的物品，几乎每一件都有意义非凡的故事。1863年酒店落成时的《圣经》；1920年中法文对照菜单；胡佛结婚时用过的餐具；1899年版弥尔顿诗集；1925年利顺德第二座楼竣工后，全体股东特制的银钥匙，是饭店权力的象征。67年之后，这把钥匙从海外回到了利顺德。这些故事变成了旅行中意外的收获。

睡在名流贵胄的房间

利顺德穿过3个世纪，当之无愧是中国最有故事的酒店。近代能想到的达官贵人、文人名伶几乎都曾出入过利顺德。格兰特、李鸿章、袁世凯、黎元洪、梅兰芳……不胜枚举。

288号房间，名副其实的"总统套房"，孙中山三次北上都下榻在这间房。办公室墙上挂着三张先生不同时期的照片，会议厅一丝不苟地布置成孙先生当年会见客人时的样子。三楼，右手边388号房间也住着一位总统。1898年一个24岁的美国小伙搬进来，一住就是7年。1929年他宣誓成为美国第31任总统，他就是胡佛。在利顺德的餐厅，仍可以尝到他最爱吃的菜，鲜芦笋配松露汁。

1954年12月的410号房间"全部腾空，披黄"，方便十世班禅诵佛传经，是酒店献给他的最高礼遇，现今改为纪念室，旧日陈设一样不少，内里装饰着金佛、唐卡等圣物。

泰晤士厅里，末代皇帝傅仪和皇后婉容，住在天津的6年，每年秋天都会来这跳探戈。骄奢惯了的溥仪，靠着变卖古董字画度日。每隔一天他就坐着汽车，专门到利顺德吃冰淇淋、梳乎厘配蜜桃。

这里存着民国最传奇的爱情故事。维多利亚风格的装饰布局让屋子里弥散着浪漫气息，张学良和赵四小姐在利顺德相知并相爱，还举办过生日派对。

住进"博物馆"

利顺德是贴满了"最""唯一"字标签的酒店，比如"中国唯一一家拥有专属博物馆的酒店"。地下一层近千米的利顺德博物馆，消弭了时空的阻隔，千余件文物诉说着天津近代历史。展品中不乏多项中国"第一"，第一部电话机、第一台发报机、第一架留声机……还有慈禧赐予饭店的一品顶戴花翎，溥仪的留声机，赵四小姐和婉容皇后弹过的钢琴；有风云际会的演绎，更有民风民俗的展示。即便不是酒店住客，交个50块，也能进来零距离看看先辈们的生活与风物。一个博物馆，浓缩了一部近代史，有了利顺德，中国没有哪家酒店能再用传奇形容。

▲ 浴室是房间的一大亮点，面朝海河，视野之开阔甚至能看到酒店自家的专属码头，在全中国也找不到第二家有此配备。

▲ 一次偶然，酒店员工在老冰窖里发现一份传统冰淇淋的配方，成就了这一系列名人冰淇淋。有溥仪、张学良、胡佛等人作为不同口味的代言。干吃冰不过瘾，"梅兰芳水晶虾仁""李鸿章皮蛋香茜鱼片粥"……利顺德还有独一无二的历史名人菜单。

▲ 果子蘸浆子、锅巴菜、卷圈……哪儿的早餐就没有比不上天津，喷香有味的小吃是相声演员曹云金首推的家乡美食。利顺德的早餐就没有一味西化，而是采用了当地受欢迎的天津小吃，不但在味道、种类上下足功夫，连盛饭的器皿也颇为考究。

MINI TRAVEL | TIANJIN

▲ 天津的煎饼馃子绝对是数一数二的美食。看赵师傅摊煎饼也是种享受，饼铛中央浇上绿豆面糊，摊成饱满的圆形，磕上鸡蛋，刷上腐乳、面酱，搁好葱花香菜，再卷进果箅儿，最后撒一把虾皮就齐活了。

赵师傅煎饼摊
从早排到晚的煎饼馃子

煎饼馃子很有名，却是高级餐厅、酒店里难以寻觅到的美食，想吃最好最正宗的，只能是路边摊。凌晨的卫津路与鞍山路交界口处，"赵师傅的煎饼馃子"前仍是大排长队。这家煎饼馃子绝对是天津独一号。60多岁的赵师傅摊了20多年的煎饼馃子，娴熟的技术和绿豆面+虾皮的独特配料吸引来的不只是外地旅人，不少土生土长的老的哥夜里也会来这补一顿。一套金黄酥脆的煎饼馃子热乎乎吞下肚，天津人的夜晚才算结束。

跟煎饼打了半辈子交道，赵师傅深知小小一套煎饼馃子其中藏了多少奥秘。摊烙的时间决定煎饼的焦黄脆边，拿捏不准便会失去风味，要把最简单的东西做到极致反而最难。为缩短顾客排队时间，赵师傅对煎饼做了半快餐式的改进。赵师傅做的是"有时差"的生意，从晚上9点做到早上10点，过来可得掐准了时间点儿。

互联网思维的煎饼

煎饼也可以不那么简单。中国人对煎饼馃子的热爱绝对不止于天津，北京的黄太吉就独辟蹊径地用互联网思维经营起煎饼店，倒也做得风生水起。门店奢侈地开在了三里屯、建外SOHO等CBD区域，传统小吃换了优雅的环境，从麦当劳那里抢回来了一批年轻人。赵师傅和黄太吉，同样卖的煎饼馃子，用的却是完全不同的经营理念和思维，都赢得了顾客。他们的背后，都是对传统美食的执念和坚守。

MINI TIPS

可以逛的公园

从利顺德的老大堂出来是维多利亚公园，当初是为庆祝英国维多利亚女皇登基50周年而建。现在这儿是中老年人钟爱的晨练场所。维多利亚公园、南楼公园、中正公园、美龄公园、市府公园、解放北园，串起每个公园的名字几乎就是一部中国近代史的索引。

▲ 来天津必然要来五大道。并不是某条道路的名字，实际上是以中国西南名城重庆、常德、大理、睦南和成都为名的五条街道所组成的区域。这里汇聚了300多幢各国历史建筑，天津的"世界建筑博物馆"名号即源于此。

五大道
北京四合院，天津小洋楼

历史学家常讲"五千年看西安，一千年看北京，近代百年看天津"。"北京四合院，天津小洋楼"，来天津，最大的看点之一就是五大道上的小洋楼了。这几条道上，有近代住宅近300处，历史名人旧居100多所。

作家冯骥才眼中，五大道容纳着"巨大的历史"。20世纪初，时局动荡，天津占得地理、交通之便，五大道又是英租界的黄金地段，政客商人纷纷撤离京城，定居于津城小洋楼。百年风云中，这里停留过的既有洋人，又有清朝遗老；既有仁人志士，又有军阀官僚；而文艺复兴式、巴洛克式等各种风格的建筑都能在这寻到。

常德道上的民园西里，非常适合年轻人去。这座建筑是由几个院落围成并聚居的，各单元成"凹"字形排列。如今经过修复和重新设计，已经成为五大道上的文化艺术街区开放。好喝的咖啡馆、讲究的餐厅、植物茂盛的院子，设计酒店都能在这里找到。马场道121号小洋楼，称为"达文士楼"，这座典型的西班牙花园别墅是五大道上最早的建筑。睦南道50号是张学良二弟的房子，重庆道55号是奢华气派的庆王府，现在已经改造成一栋有派头的高级酒店。

马钊
天津电视台主播；资深美食主持人

天津要分段品，想看老天津，就去五大道，意式风情区、解放北路；要看市井天津，一定要去天津人的早点摊。来一套煎饼馃子，点一碗嘎巴菜，在一个天津姐姐或者大哥（视喜好而定）身旁坐下，就完成了对这个城市的初级认知。

MINI CITY GUIDE | 在天津，你还可以去这些地方

1 🔑 酒店空间

民园三三

住惯了统一包装的星级酒店，偶尔也该换换口味，小而精的设计型酒店是个新潮的选择。民园三三低调隐藏在五大道的民园西里，两栋英式小洋楼中，只有限量的7间房。一家完美的酒店怎么能少了处女座的老板，"老曹"本是设计师，号称"白色极端分子先锋艺术家"，他用极简主义的白色给老别墅带来现代活力。饿了的话，隔壁的马来西亚餐厅Cafe Sambal，爱酒的人最值得一来，这里的Mojito可是全天津最好喝的！

2 🔑 酒店

丽思卡尔顿

酒店前身曾是英国工部局，天津政府办公楼，英式城堡的外观，内部用新古典主义风格重塑了原有设计。门口站着头戴礼帽，身穿燕尾服的门童，黑白菱格的大理石地面，欧式古典雕塑和中式的青花瓷元素混搭，简直是住在欧洲富丽堂皇的宫殿中。美食总是住酒店绕不开的诱惑，从早餐开始，酒店每天供应5次茶点。游泳池和24小时开放的健身房相连，泳池底部配有音响，水中畅游还有音乐相伴。

3 🔑 酒店

庆王府

清晚期最后一位太监总管"小德张",民国最后一位"庆亲王"载振,都曾是这里的主人。现今改作餐厅,对外开放。作为庆王府公馆的客房,这家别墅酒店完整保留了中西合璧的建筑样式,是33栋独门独院联排别墅。不同于一般按房间入住的酒店,这里整栋洋楼一起出租,包含客厅、卧房、书房、厨房和自带院落,24小时的管家服务。特别适合几家人整幢租下度假享受,均摊下来价格也不算贵。

4 🍴 餐厅

Cholito

坐落在"时光里的院子",先农大院。翻新后的院子成为一个公共艺术广场,周末有农夫市集和艺术展览,逛累了正好来Cholito吃吃西班牙大餐。一层吧台旁摆着正宗西班牙火腿,吃着橡果长大的伊比利亚小黑猪,肉质丰润肥美,齿颊留香。一份招牌的西班牙海鲜饭就能吃个七分饱,虾子、蛤蜊、鱿鱼满满铺在焦香的米饭上。晚上来的话还能在Spanish Lounge喝点小酒,特调的西班牙水果酒Sangria是夏日聚会的惊喜。

MINI TRAVEL | TIANJIN

TIANJIN LABEL │天津风物

十八街麻花 　　　　　　　狗不理包子 　　　　　　　煎饼馃子

龙嘴大壶茶 　　　　　　　泥人张 　　　　　　　　　飞鸽自行车

相声 　　　　　　　　　　杨柳青年画 　　　　　　　夏利汽车

插画 by 郭静

INDEX | 索引

HOTEL

海河悦榕庄
Add：天津市河北区海河东路34号
Tel：022-58619999

海河瑞吉
Add：天津市和平区张自忠路158号
Tel：022-58309999

利顺德
Add：天津市和平区台儿庄路33号
Tel：022-23311688

庆王府
Add：天津市和平区重庆道55号
Tel：022-87135555

民园三三
Add：天津市和平区常德道31-33号
Tel：022-23311626

丽思卡尔顿
Add：天津市和平区大沽北路167号
Tel：022-58578888

VIEW

解放桥
Add：天津市和平区解放路

解放北园
Add：天津市和平区泰安道

五大道
Add：天津市和平区地铁小白楼站附近

民园西里
Add：天津市和平区常德道29号

达文士楼
Add：天津市和平区马场道121号

张学良故居
Add：天津市和平区赤峰道78号
Tel：022-87896106

梁启超饮冰室
Add：天津市和平区民族路44号

张自忠故居
Add：天津市和平区成都道60号

天津之眼
Add：天津市河北区三岔河口永乐桥上
Tel：022-26288830

李叔同故居
Add：天津市河北区粮店街62号

曹禺故居
Add：天津市河北区意式风情区民主道23号
Tel：022-24461966

冯国璋故居
Add：天津市河北区民主道50号

袁世凯故居
Add：天津市河北区海河东路39号

FOOD

卫鼎轩
Add：天津市南开区城厢中路鼓楼北街36号
Tel：022-27280123

赵师傅煎饼馃子
Add：天津市南开区卫津路与鞍山路交界口

津菜典藏
Add：天津市河西区琼州道103号人民公园南门对面
Tel：022-23263333

九河居炸酱面
Add：天津市河东区十二经路与七纬路交口河东房管局旁
Tel：022-24312697

CHOLITO
Add：和平区湖南路先农大院内
Tel：022-58352833

SHOP

悦榕阁
Add：天津市河北区海河东路34号悦榕庄内
Tel：022-58619999

SHANGHAI
混搭上海

上海好似鸡尾酒，看似混在一起，实际上泾渭分明。这个形容恰当又精辟。上海也是个混搭的码头，你可以称它为复古的国际化老弄堂，也是摩登的海派市井之地，是精明世故的不夜城，是一千种形容词汇集在一起的象征，然而，真实的上海，却丰富在这一千种之外。

梧桐树，载满各国风格小别墅的街道，细密的弄堂，摩天高楼与大厦，这些组成了最熟悉的上海街景。如果仔细探究，就会发现在习以为常的街道里，每天都涌动着层出不穷的新鲜事物，让人惊喜也让人感慨。这就是上海微旅行的乐趣所在。

MINI TRAVEL | SHANGHAI

▲ 上海成为最洋气的城市是由入驻大量的小洋楼开始的。租界区和私家公馆云集，名流汇至的享乐之城，奠定了上海隽永恒定的小资气质。它们跟如今崭新的商厦一起混搭在布满梧桐树的街道上。

▲ 看夜景，除了香港便是上海。一入夜，上海就进入了十里洋场的璀璨季，白天静默街道两旁的树原来都是卧底，夜晚全部闪亮起来。"夜上海"并非浪得虚名的称号，仿佛整座城市都不眠不休。

在上海，你可以有很多种玩法。无论是两天三夜，还是三年五载，大多数人对这个城市始终还能保持新鲜感，因为它总从阡陌纵横的小巷里延伸出最新鲜的活力，小店铺和高级餐厅通常并立，市井和精英的城市文化总是并存。不论以怎样的态度生活，在上海，似乎都能生活得很好。

走在上海街头，问遇到的每一个人为你画一条上海最佳游览路线，相信这些路线绝不重复。这条线路的形状，其实也刻画了这个人在这座城市中生活的真实轨迹。

以旧房改造为最大乐趣的建筑设计师张弘认为，上海最大的魅力在于新与旧的恰到好处。这就是混搭的风味和口感。他为我们制定的旅行，每一处都与建筑有关。"把老的、旧的东西翻新之后，呈现出二次生命的建筑，会给人更多的力量和想象。上海这座城市就是给人这样的感觉，设计与改造让他有了一种难以抵抗的魅力。"因此他带我们去他散步的地方，都是上海老地块改造的区域，是老旧而又有人情味的菜市场，是那些狭小又充满生活气息的弄堂。

一边做计算机程序，一边做美食家的老波头绝对是以味觉来观看上海的。他不需要刻意的旅行，"旅行只是一片阿司匹林"，带来的都是暂时的缓解，而那些日日夜夜天天顿顿出现的美食，才是恒定的生活，是全部的热情和信念。他带我们走亲访友，穿街过巷，从私家菜到路边馆，再低调的美味都难逃他的味蕾。这座城市里的人事物，在味道的串联下，都呈现出"妙不可言"的一面。

在文林眼里，上海于他而言，最好的时光是床上的时光，他做过《外滩画报》的编辑，出过一本书，叫《那些我睡过的床》。他以酒店体验为爱好，睡过上海大大小小的酒店和他们的床，甚至有一些就在家门口。"旅行中，真正能让我安心的是酒店，它是一个重要的所在。作为路途停留之所在的酒店，其实是作为我的旅行目的地而存在的。"所以在这次上海的短途旅行中，他为我们推荐了两家大小相宜的酒店：档次和细节做足功夫的璞丽酒店和旧别墅改造的客堂间精品酒店。

这些个性的路线串在一起，就和上海的弄堂和高楼一样，是混搭的，却又真实的。是这个城市名片的两面。对许多人来讲，上海就是一个冒险的空间和乐园，每个人带着不同的想象和期待来到这里，用自己的方式调配着那杯色彩独特的鸡尾酒，在一层一层的细腻、浓烈和新鲜的混搭之间，迷醉于自己那杯"上海"之中。

CITY GUIDE *of* SHANGHAI

张弘
久居上海的建筑设计师，最擅长于老建筑的改造，了解上海每一处海派建筑的历史和故事

CITY GUIDE *of* SHANGHAI

老波头
美食家，IT经营者。被称为上海的"猪油帮主"，拥有发达的美食搜索能力

CITY GUIDE *of* SHANGHAI

文林
作家，杂志编辑，生活器物小店经营者，对物质享乐有着挑剔的态度，爱住大小酒店，写过一本书叫《那些我睡过的床》

地图标注：
- 06 璞丽酒店
- 人民公园
- 福记粥面茶餐厅 08
- 中山公园
- 01 东平路
- 03 SpiceBazaar
- 11 客堂间
- 02 Green&Safe
- 10 豪生酒家

DAY 1

08:00 参观	11:00 早午餐	13:00 午餐	15:00 游览	18:00 晚餐
东平路	Green&Safe	Spice Bazaar	南外滩水舍	老山东鲁菜馆

DAY 2

09:00 早餐	12:00 游览	13:00 午餐	15:00 游览	18:00 晚餐	22:00 酒店
璞丽酒店	吉祥里弄堂	福记粥面茶餐厅	下沙烧麦馆	豪生酒家	客堂间

国际客运中心

东方明珠

07 吉祥里弄堂　　05 老山东鲁菜馆

豫园

一大会址

04 南外滩水舍

世纪公园

上海世博展览馆

09 下沙烧麦馆

MINI TRAVEL | SHANGHAI

▲ 周末的清晨，街道上行人很少，这时候能享受到另一个上海。Green&Safe每天木盒子里都躺满了当季新鲜的有机蔬菜，彩椒、牛油果、大白菜，从有600年历史的托斯卡尼庄园橄榄油到德国有机七彩花瓣盐，这儿有上百种新鲜有机食材。

Carmen
荷兰MVRDV建筑规划事务所PR；
译者；居住上海10年

有机绿色是Green&Safe最大特点，1/3的室内空间是有机餐厅，1/3是绿色食品超市，1/3是加工食品橱柜。三块空间的设计都采用了乡村农舍的原始元素。有一种进入农户家中自选的购物体验。

MINI TIPS

Green&Safe

Green&Safe内部的设计是由著名设计事务所AOO为其打造的，以大量木质为底的暖色调，点缀工业设计感家具，让室内的风格舒适、自然。老式市场的木头箱子从室内贯穿室外，让人们重新回到了原生态的老市集。二楼的就餐区则更考究，灯和家具都很有设计感，让正式的就餐变得更加舒适。

东平路
好逛不止300米

建筑设计师张弘喜欢上海周末安静的早晨，没有人打扰，若不是要带领我们游览，他多半会骑着自己的红色MERIDA自行车出行。第一站他把我们带到了名人故居扎堆的东平路。短短300米的路今年却有101岁了。整条路上最显眼的建筑便是衡山路路口那栋：宋子文的老宅。

宋子文老宅里现在经营着一家叫Sasha's的西餐厅。里面的布置还能够看到许多宋氏家族的画像，二层保留了宋家用过的火炉。就在隔壁的东平路9号，是宋子文买下的一座英式花园别墅，送给妹妹宋美龄作为陪嫁之物，后来成为了蒋介石短栖上海的行宫"爱庐"。再往西，隔壁的东平路7号，600平方米的法国建筑是孔祥熙、宋霭龄的旧宅。可见这条路来头不小，几乎可以命名为"宋家王朝"路了。现在这儿的一楼是家居生活店Zen Litestore。二楼是ZEN café，都是让人愿意驻足停留的地方。

菜市场里的餐厅

惊喜不断。东平路6号，是最近很火的"菜市场里的餐厅"：Green&Safe。张弘决定停下来吃个早午餐。这是台湾人开的有机餐厅，综合了农场＋菜摊＋杂货铺＋餐厅于一体的模式。一层是个开放的传统市集，迎门就能看到系着围裙的阿姨满面笑容地忙碌。这儿可以买新鲜食材，在市集采购完，正好去二层吃个周末的

150

▲ 水舍的设计很大胆，大面积地保留了斑驳的墙面。在水舍的天井中闲坐，仿佛置身于三维矩阵之中，让人思考起时间、空间与建筑的关系。

Brunch，张弘特别推荐尝尝这里的泰式牛肉色拉和烤鸡色拉，菜式清香爽口，分量适中。坐在这里吃早午餐的男女们衣着考究，许多运动完的老外也过来喝咖啡，顺便拎着一堆新鲜的蔬果回家。

南外滩水舍
老码头里的新秘境

老码头这块区域对于上海这个城市来说真是"够老"的了——这里原本是废弃的厂房，在设计师们的精心打造之下，变成如今新晋潮人的聚集地。张弘最喜欢在这里散步，作为老建筑改造的高手，南外滩水舍是他最钟情的一处改造典范。

跟着他的脚步，我们看到一片斑驳的墙面，裸露在外的砖头，未打磨光滑的原木组合而成的空间，初次造访，多半会认为这是一间废弃的厂房。这栋建筑原本是20世纪日本的武装总部，改造时保留了原有的混凝土结构，加入大量的耐候钢，重现当时运输码头的工业背景。进去之后才发现别有洞天。实际上，水舍是隐藏于此的仅有19个客房的精品酒店。19间房的格局和房型也各不相同。设计师很大胆，公共与私密空间运用了模糊倒置手法，公共区域的客人可以通过玻璃隔断制造的视觉走廊，窥探到隐约的个人空间，这和上海的"弄堂"概念如出一辙。与粗糙外表相配的家具内饰皆出自名门，其中不乏古董和名师之作，包括Arne Jacobsen、Finn Juhl、Hans Wegner等设计大师的作品。

MINI TIPS

Table No.1

水舍的屋顶是一个城市农场，种满了各种蔬菜瓜果，除了能够降低屋顶的温度和房屋的能耗，还为一楼的Table No.1餐厅提供了最新鲜健康的原材料。住在水舍，自然不能错过这么好的私家农场式餐厅。餐厅里90%的食材都是就地取材，口味新鲜。别小瞧这隐藏在老码头里的餐厅，行政主厨可是来自英国的米其林一星主厨，他把Table No.1称为自己的"冒险"。对食客们和旅行者而言，寻找到这里岂不是一次"探险"？

▲ 其实味道也可以被设计，Spice Bazaar的门口有好看的树木，味觉似乎也被调动得清爽起来。不管是空间和菜品，这家餐厅的设计都能让人从固定的新疆菜模式中解脱出来。

▲ 如果说张弘是老建筑改造高手，这间餐厅就是把新疆的老味道改良创新的高手，老旧家具中焕然一新的装饰跟格调，各种风格的装饰混搭在一起，却不显得突兀，让人坐下来感觉很舒服。

Spice Bazaar
改良香料集市新疆餐厅

或许都是"改良派"，张弘把我们从建筑的改良中拉到了美食上。他带我们进入一家低调隐匿在上海闹市的新疆餐厅，东平路29号的Spice Bazaar。

与印象中的新疆餐厅不同，推门进去，这里很清爽，没有油渍和牛羊肉的膻味，也全无喧哗之感。缝纫机改造的餐桌，新疆收来的老木门，民族特色的旧挂毯，现代感的极简设计和新疆的民族装饰被有趣的混搭在一起。

同是以旧改新的专家，张弘专注于老建筑的改造，而有留洋背景的年轻店家，用家里祖传的香料把新疆的老味道改良创新，用西餐的形式颠覆了传统新疆菜。味道还不能改良太多，新疆菜中必点的馕包肉跟大盘鸡让人回味再三，张弘尤其推荐这里的小凉菜，看上去精致，吃起来惊艳。其中首推皮辣红，它是皮芽子+辣椒+西红柿的清新组合，三种食材放在一起无论对视觉还是味蕾都是奇妙的挑战。

▲ 东方商旅的入口很低调难找，酒店二层的餐厅里，台湾厨师选用顶级澳洲和牛，将牛骨、牛筋、牛腱、老母鸡和新鲜蔬果一起熬煮八小时才能做出牛肉面的汤头，因此很美味。

东方商旅
只为一碗牛肉面

东方商旅是外滩上著名的台湾精品酒店品牌。但是张弘带我们到这里不是为了住酒店，只为了一碗牛肉面。酒店位置在魔都最热闹繁华的南北外滩交界点上，第一次来的人却多半找不到门在哪里。酒店的出入口在金陵东路上，门口没有指示牌，仅有的标志之一是墙上的金色棕榈叶。简直像一个暗号。

牛肉面在酒店二层的"东西Café"餐厅。关于这碗牛肉面，张弘还告诉我们一个温馨的小故事：餐厅的老板是台湾人，为了让住客能吃到正宗的台湾牛肉面，每次从台北飞上海他都会随身带上一碗牛肉面，让大厨仔细地品尝和研究，经过无数次的牛肉面飞行之后，味道才会变成现在这样地道的台湾风味。

用张弘的话来说："为了这个故事，为了这种诚意，也要特别来尝一下，只有带着诚意做出的料理才会真的好吃。"更何况，在这里一边吃面，你还能观赏到这里一流的夜景，270°欣赏南北外滩、浦江两岸的景色，整个黄浦江都在你脚下一览无余。

张弘
建筑设计师，久居上海

住这间酒店的很多都是回头客，不为别的，只因为像家，甚至有时候，家里也没这里方便和体贴。据说，东方商旅的牛肉面是全上海最好吃的牛肉面。

▲ 这里的高度足以让你用超大视角观看南北外滩和浦江景色的繁华。

MINI TRAVEL | SHANGHAI

▲ 没有弄堂，就没有真正的上海。狭小的弄堂像毛细血管一样延伸到这座城市，它们和摩天大楼一起巧妙地共生下来。王安忆说，"上海弄堂的感动来自于最为日常的情景，这感动不是云水荡漾的，而是一点一点累积起来。这是有烟火人气的感动"。

MINI TIPS

iapm Stayreal Café

从吉祥里出来，张弘前往浦西淮海中路陕西南路商业区的环贸iapm商场，这里的外形和室内设计均出自英国贝诺（Benoy Architects）之手，这里有家Stayreal Café，是五月天阿信和潮牌Stayreal合作的咖啡店，"红丝绒蛋糕"人气很高，颜色造型都很美。

吉祥里
最后一块老上海

电影导演安东尼奥尼说，如果北京是革命的、纯洁的首都，上海则是改造最明显的城市。上海的改造无处不在，很难看到一块不加以改造的地方了。吉祥里就是这最后一处未被开垦的地方。

在和南京东路平行的宁波路上，吉祥里还是保留着原来的石库门里弄的样子，走过一条马路来到这里，却像是到达了另一个城市。拥挤的弄堂里全是生活的气息，小马路、老房子、晾衣架、万国旗，那些老电影里闪现过的老上海经典场景一一呈现在眼前。

弄堂对于上海就像胡同之于北京，成为城市文化的一种。张弘常来这闲晃，理发店还在，横在马路中间晾晒的衣裤还在，真正的老上海也就还在。对于吉祥里最后这块原汁原味的里弄，张弘不希望它将来像新天地或思南公馆这样，成为过度包装和商业化的结果，但究竟该怎样让古旧建筑的改造更适合现代空间的需要，这也是张弘长久以来思考的问题。

▲ 身为设计师的"管家",不知从哪里学来做得一手好面的能力。如今能够买到管家出品的面,已成为京沪两地美食者炫耀的资本。

管家的面
惊为天人的阳春面

一边通过死板的计算机程序来赚钱,一边又通过精彩的美食饕餮来花钱,即使只是作为看客的我们,都会觉得老波头的人生很有趣。老波头是有趣的"IT 经营"与严谨的"美食家"合体,是沪上的"猪油帮主",他带领我们探访一个味觉混搭而美妙的上海。第一站,他要去"管家"的家里蹭面吃。

"管家"是谁?

"管家",老波头形容,他是"妙人一个"。本名程熙,设计师,他怎么成为做面高手的,大家都不知道。最初只是几个好友对他做的面念念不忘,后来渐渐赢得了口碑,蔡澜、沈宏非、欧阳应霁等等大牌美食家吃了"管家面"都称好,香港"面痴"卢健先生也赞不绝口。买两斤"管家"程熙先生出品的生面,已是京沪两地老饕用来炫耀的资本。

后来"管家"索性批量生产,销量好得出奇。北京的有些朋友吃上了瘾,一下子就买五六十斤,千里迢迢运回去,若家里冰箱已塞满,还干脆找相熟的饭馆帮忙,存在巨大的冷库中。每月到底要做多少面?听说除去"管家"自己吃之外,如老波头般的一帮友人以

Jane
花艺师,美食爱好者

管家的面条非常柔韧细腻,鸭蛋面本身就有很独特的蛋香,有种Q弹的韧劲在里面。吃起来会觉得美味又家常,很亲切,能回忆起很多东西。

▲ 简简单单的一碗面,配上现炒的虾仁浇头,味道足以让老波头惦念好久。

155

MINI TRAVEL | SHANGHAI

MINI TIPS

如何买面

搜索店铺"管家的日子"进入他的淘宝店，你会发现面条是他唯一的主营产品。只有在特定的时间段里才有供货。至于哪个时间段，那必须要关注管家的微博（管家的日子）才能知晓了。

各种形式坑蒙拐骗的，月产一吨，照样沽清。

看管家的面的配料并不特别，不过是普通的面粉和水，加了鸭蛋清而已。但是一试即知水准，弹牙，类似广州的竹升面，却没那股碱水味。但最高境界还是由"管家"亲手炮制的阳春面，汤底中仅下猪油和酱油，诀窍是一丁点儿的糖，试过之后，惊为天人。知道老波头来，"管家"特别优待，追加蟹油一大勺，配上现炒的虾仁一大勺，碗里一口汤也没剩下。怪不得老波头说，他总会抓住一切机会去"管家"家里蹭面吃。这种圈内私家菜是个矛盾的命题，好归好，旁人总不能直接冲到管家家里去吃。好在管家的面还能通过淘宝网购买。（具体购买信息可参考MINI TIPS）

福记

平生喝过最好的奶茶

如果没有别的特殊安排，几乎每个周末的下午，老波头要么在"福记"，要么就在去"福记"的路上。这次，他和好朋友"管家"一起，领着我们又到了"福记"。

神秘的"福记"是家港式茶餐厅，开在市中区的陕西南路上。老板娘朱姐原本是建筑设计师，纯粹因为对美食的热爱，开起了这家餐厅。她的祖籍福建，家族生意遍及东南亚，所以虽然招牌上有"港式"两字，但其实最擅长的菜式反而是闽菜和南洋菜。

老波头先叫上一杯招牌奶茶，与一般的店面用次等三花淡奶不同，"福记"奶茶是用斯里兰卡的象王红茶加上黑白淡奶，反复拉数十次才成，口味浓郁。加入的冰块也是由奶茶冻成，不会变水变淡。台湾美食家高文麒先生喝过这家的奶茶，赞为"平生喝过最佳"，老波头也点头完全同意！

MINI TIPS

行家必点

福记的白粥也做得有章法，按照古法下了腐皮去熬，腐皮易焦，对大师傅的要求非常高，但成品之后稠滑黏香，健身养胃。

▲ 老醋海蜇、九转大肠、韭菜炒海肠，这里山东菜的味道地道纯正。经理说，山东人老实本分不花哨，他们烧来烧去，只会那么几道，所以不用担心味道改良。

老山东鲁菜馆
沪上鲁味，仅此一家

老波头介绍给我们这家餐厅之前，先为大家普及了一下中国美食文化。此处省略三千字，总之一句话，无论怎么排序，排在菜系之首的始终是山东菜。但是如今粤菜馆、川菜馆随处可见，传统的山东馆子难得一遇。找来找去，只有"老山东鲁菜馆"最合心意，在老波头看来，在上海要想吃鲁菜的话，别的店都不用再试了。

正宗的鲁菜做法

美食家向来对原材料研究颇深。比如同样是一道老醋海蜇，老波头就清楚地知道青岛产还是宁波产地好。青岛比宁波的肥美，价格也贵。这儿的山东大师傅下醋又准又狠，水平之高不逊于山西人。九转大肠是山东名菜，像四川的担担面和麻婆豆腐。这里将大肠烧制得十分软熟，分成小碟上桌，一碟一段，因此常常出现连吞数碟，气壮山河的人。海肠与韭菜同炒，是正宗的鲁菜做法；做萝卜丸子的青萝卜是从潍县运来的，有句话叫"烟台苹果莱阳梨，不如潍县萝卜皮"，可见那里的萝卜最好。特别的点心有胶东大包。皮薄松软，馅是猪肉炒粉条与白菜，入口奇香。

老波头说最怕外来菜系一到上海就改良，但"老山东"没这个问题，"厨师都从山东引进"，餐厅的总经理说，"山东人老实本分、不花哨，他们烧来烧去，只会那么几道"。所以放心吧，这菜一定是传统经典的。

老波头
IT经营者，同时是资深美食家人称"猪油帮主"

上海其实遍地开满粤菜馆子，鲁菜显得式微，有水准的更少。找来找去，只有"老山东鲁菜馆"。第一次已觉满意，几道传统菜都没有变味，这在上海是非常难得的。想吃鲁菜的话，别的店都不用再试了。

157

MINI TRAVEL | SHANGHAI

▲ 三甲港是这座城市里的一段6公里长的生活岸线，虽然有"海滨游览胜地"的美名，却游客稀少，开阔优美的视野，有城市近郊难得有的广袤风景。小渔村里每天都有新鲜的海类产品上岸，可以买到珍稀海鲜。

三甲港 + 下沙
鱼和烧卖可兼得

老波头已经不满足于将脚步禁锢于市区，他为我们准备了前往三甲港的旅行计划。三甲港是一段临近浦东国际机场的6公里长的生活岸线，游人寥寥，闹市静居，竟然处处有种"小渔村"的悠然自得。老波头第一件事是来到这里的鱼市挑鱼。鱼市虽小，五脏俱全。这里不仅可以买到珍稀河鲜和海鲜，还可以慢悠悠地跟渔民聊天，甚至可以聊出很多海鲜新烧法。在他看来，这样的生活也是在度假。

流传百年的下沙烧麦

从三甲港的鱼市出来，老波头马不停蹄，一路驱车向南，前往"下沙镇"给女儿买她最爱吃的烧卖。据说下沙镇是上海南汇地区最古老的集镇之一，靠着微博的力量，流传百年但却又即将消失的美食——下沙烧麦，忽然就火了。

下沙烧卖是浦东南汇地区的特色点心，从明代一直经营到今天。烧卖皮用特殊擀面杖手工擀制，普通烧卖大多以糯米为馅，下沙烧卖却是用汤汁鲜美的鲜笋肉馅混合，还有一种用豆沙、核桃肉、瓜子肉和陈皮橘制成。下沙烧卖的制作技艺甚至入选了《浦东非物质文化遗产名录》。

▲ 在这个小小的鱼市，除了可以买到最新鲜的时令海鲜，这个渔村里烟火气隆重的热闹，也是久居城里的人很少感受到的。

▲ 刚出锅的烧卖热气腾腾，蒸汽缭绕。新鲜的春笋只选取嫩头，和肉馅拌在一起后包成桃花模样，蒸熟后汁水满溢，鲜香满口，这就是著名的下沙烧卖。

只在春笋当季售卖

当我们看见"下沙德持烧卖"的招牌时，也看到了店门前排起的长龙。空气中隐约嗅到了春笋的香味。老波头介绍说，这家店平时也卖盒饭和别的点心，最出名的烧卖只在春笋当季的那一个月才有供应，过时不候。如果过了清明节，原则上则可以请来客"来年赶早"了。

眼前的铺面特别简陋，只能外卖不能堂吃，依旧无损队伍的壮大。上前跟店老板搭讪：一个月烧卖能赚什么钱？如果将春笋换成冬笋，就有全年的生意可做。但是无论是老板还是店里的伙计，都摇头，笑嘻嘻地表示要"遵循传统"。春笋、猪肉和猪油，在皮薄馅厚的半透明烧麦皮里配合得天衣无缝。一口咬下去，汤汁溅入口中，美味四溅。老波头瞬间扫光整笼，又买了几大包带回家，给家人尝尝这一季春笋的味道。

张江感恩堂散步

回家之前还去了一趟张江感恩堂。这是一座现代风格的基督教堂，在张江园区内，三路一河的交界处。两面沿街，一面临水。老波头喜欢来这里散步或独处。河水从这里蜿蜒而过，静谧的教堂，徐徐的凉风，沙沙的竹林声，偶尔可以听到的有轨电车"叮叮叮"地从旁边开过，可以绕开纷扰的人群，又不至于与世隔绝。结束了周末美食之旅的老波头在日暮时分，拎着鱼和烧卖回到家，系上围裙，准备继续自己热烈而充实的生活，接下来，为家人做一顿晚餐。

▲ 酒香不怕巷子深，下沙烧卖的口碑已经远近闻名，慕名而来排着长队买烧卖的大有人在。老板和伙计们对传统的尊重也让人叹服。

▲ "非洲的柚木，上海的阳光。几杯热红酒飘着肉桂的味道，很长一段时间都是我小酌的不二去处。"文林说道。

璞丽

文林的第二起居室

文林有许多与众不同的爱好，例如喜欢住巨鹿路，喜欢把手机设为繁体字，在每个到过的国家买《Monocle》杂志。然而最令人印象深刻的爱好还是他对酒店的着迷。热衷于旅行的他去过无数个国家，住过无数家酒店，睡过无数的床。他写过一本书，叫《那些我睡过的床》。尽管阅床无数，他还是认为上海是值得探索的城市。

文林住过的酒店中，很多就在自己的家门口。璞丽是文林住过的离家最近的酒店，只隔着一条延安路，近得都无须"米"的概念，走55步就到。很难用一句话描述璞丽的风格，文林说，"33%的中式、33%的西式、33%的日式相加再除以2就是了"。所以听完，还是没法概括它确切的风格。文林把璞丽称为自己的"第二起居室"，无论是在这里吃饭、休息，还是拿着笔记本工作，只需要一个电话预定，似乎就能从另一个世界里逃脱出来。

全球50家最佳酒店之一

身处于繁华的南京西路与延安中路之间，璞丽却显示出一种与众不同的沉着品质。入口两侧并排的小竹林，让人从大都会的喧闹中直接穿梭进古典和禅意的空间中，黑褐色视觉有传统的中式元素，经

▲ 俯视镜头下的乌鲁木齐东路，黄浦江畔的一滴水码头；一个是浓浓上海味的老街区代表，一个是改造与复兴后的时尚所在地。两者都足以成为上海这座城的标签。

过德国设计师骨感的混搭，产生出一种旧而不沉闷的效果。多次入选国际权威媒体评选的"全球50家最佳酒店"榜单以及"全球顶级酒店"之列。

"非洲的柚木，上海的阳光。几杯热红酒飘着肉桂的味道，很长一段时间都是我小酌的不二去处。"这是文林自我放松的方式，也是他着迷于酒店的原因。通过周游世界可以达到旅行的放松，在一个熟悉的城市中，寻找具有品质感的酒店也可以做到。例如他曾经在一个跨年夜里邀请家人住璞丽，第二天吃早餐的时候，看着窗外的静安公园，周围是讲着日语和英语的异国旅人，感觉自己像在度假。

艺术氛围

璞丽的最佳之处，或许在于它融合得恰到好处。视觉上并不过分突出设计，目光所到之处却是整体而恒定的品质感。与文化、艺术的融合也给人舒适，大堂旁边的书廊有一个高5米的书架，藏有超过2500本中文和英文书籍，甚至包括《鲁迅著作手稿全集》。单就以墙上的装饰画来说，也不是凭兴起而挂，无论是大堂还是餐厅等公共区域，都收藏了许多艺术家作品。

文林对此印象深刻："画家李晶彬'小唐人系列'中的'青花美人'，除了色调本身的融合之外，那种传统写意的生活，也跟酒店对于重视生活细节美感的某种缅怀有关，以一种东西交融的方式来展现，东方是纹理，西方是内核。" 除此之外，还有黄铜香炉、木质福犬、瓷枕、铜镜等中西结合的工艺摆设，他们来历不同，却都有故事和渊源可循。

大视角观景

很多房间的浴缸陈设在硕大的窗户旁，阳光通透，无论是清晨还是夜晚，沐浴的时间完全也可以利用来大视角观景。严密设置的窗帘可以调节为不同模式，既无碍观景，又能保证隐私。至于夜晚最重要的灯光，请来澳洲的灯光设计公司打造了一系列静态和动态的投影，让空间变得灵动起来。设计上把中国传统灯具的元素与现代的简洁风格结合，让人非常舒服。

▲ 酒店内部的空间感很好，是一种介于正统优雅和清朗之间的格调，视觉上并不过分突出设计，目光所到之处却是整体而恒定的品质感。

MINI TIPS

材质感知温度

璞丽重视材质带来的细节感。所有的客房楼层走道墙面都覆盖了藤面装饰，这在一定程度上缓解了酒店的冰冷感，和木头一样，带着质感上的体温。而公共区域的窗帘部分也很有质感和禅意，璞丽没有采用常规的棉、麻、绸，而是由细植物藤条编织成，其间的细微差别却给人带来与众不同的感受。

MINI TRAVEL | SHANGHAI

▲ 客堂间对老上海的生活方式也做了研究。他们认为，20世纪二三十年代的上海，盖房子、做事情都是有规矩的，"比例"很重要，多大的城区、房子、街道，走多远可以买到所需之物，都有恰当的比例。

文林
作家，杂志编辑，"荃二"店主，著有《那些我睡过的床》

这样废旧闲置的老房子，它们不是没有生命，而是需要揭去它们生命上的那层灰垢。选择这种原租界区里的老房子来进行改造，所有这些酒店会连成一条线，这条线贯穿的，就是上海的弄堂生活。

MINI TIPS

做老上海的客房

"客堂间"在上海话中是客房的意思。在这里的小餐厅中，还能够欣赏昆曲。经营者希望它包含越来越完整的文化品牌。从艺术、曲艺，到上海老建筑，帮助客人去深度发现上海。

客堂间
看得见历史的房间

几乎每个行走于上海的人都赞叹过老别墅旧洋房前的美丽，却很少有人想到修复它们的生命力。"客堂间"就在这样一座老洋房中，位于永嘉路335号，始建于1896年。经过几个从事建筑设计的上海人改造后，变成了一家精致的小旅店。

客堂间的老板学习哲学，热爱老房子，热爱量子力学。"在欧洲旅游时，看到有很多私人旅馆，干净整洁，非常舒适。我们就想到，是不是可以用独特的地方文化打造中国的私人旅馆，然后第一个点就落在了上海。我们对这些老建筑进行保护性改造，让它们重放往日的光彩。"如今，这里的房间使用老式钢窗，赭石色地板，70年历史的楼梯，重现了老上海的生活质感。面对1936年的浴缸和2013年的上海，文林说："这些老房子都是有生命的……让住在这儿的人融入周围的生活，不是孤立的。"

上海还有很多这样废旧闲置的老房子，客堂间会继续用这种方式对老房子进行改造，由酒店这条线贯穿上海的弄堂生活。最终打造出来的都是小酒店，房间不多，但所有的房间，都可以看得见历史。

▲ 它可以是咖啡馆、杂货铺、展览空间，也可以是"时光研究所"。它又是一间开放又随意的客厅，让人逛着逛着就想坐下喝杯咖啡聊聊天。

aroom
时光研究所

有一些人对旧的依恋到了狂热的地步。两对兴趣相投的夫妇，庄哈佛、黄耶鲁和Alex、Nicole，面对着家中摆满的从世界各地搜集来的Vintage尖儿货，庄哈佛一拍脑袋决定，不如一起开个店。文林喜欢这个地方，无论它是以咖啡馆还是杂货铺或者客厅的哪种形态存在。隐身于泰安路一处法租界时期的花园里弄，老相机、旧电话、古董香水瓶、复古灯泡……像是坐上了时光机，把人们带回了过去的时光。未来 aroom 还会向产品设计等方面深入发展，将废弃的老东西重新包装成更具功能性和设计感的新玩意儿，延伸出更新的、可持续的Vintage精神。

豪生酒家
不翻台的私家菜馆

豪生是一家关门营业的私房上海菜餐馆，只接受熟客预定。一个老板娘，一个厨子，一个服务员。没有菜单，不翻桌，零库存。16年未变。只有四五张桌子，顾客多靠朋友间的推荐，广元路上的这家餐厅或许是上海存在时间最长的私房本帮菜小店了。老板娘毛姐和文林是至交多年的好友，二人气息相投，这种私密的家的味道正是文林最爱的。所有菜单都写在毛姐心中，想吃什么直接跟她讲，只要有食材，就算店里从来没烧过，你也可以让大厨做出来。有许多上海人都觉得这里的菜很正宗，家常菜居多，但是每道菜都新鲜好味，感觉是用心做的。毛姐是一个很清楚知道自己想要什么的人，她喜欢舒服地做生意。所以她基本上都亲自待客，宾主更像是一家人，热络温暖。

MINI TIPS

资深私房酒家

门脸很小，看起来实在不起眼。但去豪生酒家之前一定要预约，老板娘开这家店纯粹是因为兴趣，大多接待熟人，不翻台成为默认的规矩，为的是保证食材的新鲜和服务的周到。每天就烧一些基本品类的菜，卖完算数。无论原料还是配料，甚至小到一根牙签都由毛姐亲自采购，她根据每天的定座情况亲自去进货采购食材。

MINI CITY GUIDE | 在上海，你还可以去这些地方

1 概念店

栋梁

短短几年，已经从上海一个20多平方米的空间中拓展，成为中国最有名的时尚买手店。如今分布北京、上海。"用最初的心做永远的设计"，栋梁对国内外众多年轻设计师尤为关注，也力图成为一个集合当代优质设计师的平台，这里可以找到许多新生代中国设计师的身影和作品，例如王在实、上官喆、欧敏捷等。此外，栋梁还和艺术、建筑、设计、家具等领域合作，形成了自己的固定的风格。

2 展览空间

上海当代艺术博物馆

前身是晚清南市发电厂，所以英文名叫Power Station of Art，165米巨大的烟囱如今依旧耸立在博物馆的正后方，恰好，视觉上让建筑变成一个抽象的"当"字。这本身就像一幅当代艺术作品。这里有种要打造成为东方泰特美术馆的意思，承办的展览从安迪沃霍到法国蓬皮杜中心藏品展再到城市双年展，颇有质量。除了艺术，这里还有全上海最奢华的大露台可以眺望黄浦江。

3　概念店

TASTE shop

店主是一对很酷很好看的"85后"夫妻，男主人是来自日本的时装设计师，女主人是加拿大的华裔摄影师。他们从全世界搜罗到各种独立手工设计品组成了这家店，同时代理国外知名的独立设计品牌，如Ibride、Mettle和ANTIK等。商品的种类深入生活中每一处细节，关注每一件微小的摆设，甚至空气中的味道。主人认为，喜欢这家店的顾客必定和他们拥有部分共同的Taste，这是最开心的地方。

4　咖啡/淘物

ZEN café

东平路上这栋2层红砖小楼原是孔祥熙和宋霭龄的故居，现在二楼是与家居店复合式经营的艺术咖啡店ZEN café。逛累了名人老宅，你可以先来这儿一楼的ZEN Lifestore逛逛，买点高级手绘彩瓷或是国内外优秀原创设计品牌的家居饰品作为伴手礼，再上到二楼，坐在民国四大家族之一的老宅子里，点上一杯咖啡歇歇脚。

MINI TRAVEL | SHANGHAI

MINI CITY GUIDE | 在上海，你还可以去这些地方

5 概念店

10 Corso Como

位于南京西路，紧挨着静安寺和静安公园，这个独栋的玻璃建筑值得你至少花半天的时光来探索，艺术、餐厅、书店、咖啡馆、商店等融在一个复合概念空间里，每一件单品都是时髦和权威的代名词。创始人是大名鼎鼎的Carla Sozzani，她是"欧洲最具革新精神的艺廊创办人"，被《纽约时报》称赞为"时尚触觉如数位电子温度计一般精准"。南京西路的10 Corso Como是全球第四家门店，也是Carla Sozzani最爱的选址。

6 艺术商场

K11

K11既是一个彻底的购物商场和饮食聚会地，同时又是一个艺术盛行的玩味空间。就在寸土寸金的淮海中路上，K11为这里注入了一股跳跃的艺术趣味。大师们的设计单品会合，独立音乐会、跳蚤市场、骑行活动、复古集市、艺术展览，逛商场再也不只是购物那么无聊的事，越来越多的潮人涌至，这里的功能随之拓宽，变成一个都市生活大厦。艺术与商业再也不是多么对立的事。

7 🍴 餐厅

macasa

它提供tapas、dessert和bar，它是Mandela、Alvin和Catherine的欧陆创意小馆，"macasa"就是三人名字的缩写。在这座淮海路上的独栋洋房里，随处可见木头元素，原木的门面中和了落地窗的工业质感，深咖啡的木制地板与原色的木桌椅搭配出温暖的层次感。一楼吃饭，二楼是Alvin的料理课堂，顾客可以自己动手烹饪美味，时不时的还会举办美食活动吸引了各路餐饕到访。

8 🚲 商店

Rideal

和这家店的名字一样，Rideal的两位店主是理想主义者，他们为了钟爱的复古自行车，辞掉了本来的工作，并用所有的积蓄开了这家自行车店。这是次冒险的尝试，但非常值得。Rideal如今算得上是上海骑士们心中的名店，这里几乎能满足复古自行车爱好者的任何偏好，包括英国百年单车配件品牌Brooks。除了成品车，你也可以DIY心中的完美单车。

MINI TRAVEL | SHANGHAI

SHANGHAI LABEL ｜上海风物

大白兔奶糖　　　　　东方电视塔 　　　　　飞跃牌球鞋

上海牌手表 　　　　　永久自行车 　　　　　留声机

旗袍 　　　　　　　　小煎包 　　　　　　　石库门

插画 by 郭静

INDEX | 索引

HOTEL

璞丽酒店
Add：上海市静安区常德路1号
Tel：021-32039999

客堂间
Add：上海市徐汇区永嘉路335号
Tel：021-54669335

水舍
Add：上海市黄浦区毛家园路1-3号
Tel：021-60802988

东方商旅
Add：上海市黄浦区金陵东路1号
Tel：021-63200088

VIEW

上海当代艺术博物馆
Add：上海市黄浦区花园港路200号
Tel：021-31108550

宋子文故居
Add：上海市徐汇区东平路11号

吉祥里
Add：上海市黄浦区河南中路河南中路541弄8-36号

张江感恩堂
Add：上海市浦东新区丹桂路700号

FOOD

Green&Safe
Add：上海市徐汇区东平路6号
Tel：021-54651288

Spice Bazaar
Add：上海市徐汇区东平路29号
Tel：021-64757735

豪生酒家
Add：上海市徐汇区广元路156号
Tel：021-62826446

福记
Add：上海市卢湾区陕西南路11
Tel：021-32501791

老山东鲁菜馆
Add：上海市浦东新区浦东南路379号
Tel：021-68869778

下沙德持烧麦
Add：上海市浦东新区下沙镇沪南公路5263号
Tel：021-58146006

东西Café
Add：上海市黄浦区金陵东路1号东方商旅2层
Tel：021-63200088

Stayreal Café
Add：上海市徐汇区淮海中路999号环贸广场IAPM地下二楼LG2-246号
Tel：021-54663011

ZEN Café
Add：上海徐汇区东平路7-1号
Tel：021-54590560

Macasa
Add：上海市卢湾区淮海中路1690号
Tel：021-54561214

SHOP

Rideal
Add：上海市静安区383号
Tel：18621685331

栋梁
Add：上海市静安区富民路184号
Tel：021-34696926

TASTE shop
Add：上海市泰康路210弄3号105室

aroom
Add：上海市徐汇区泰安路120弄卫乐园15号
Tel：021-52130360

10 Corso Como
Add：上海市静安区南京西路1717号会德丰国际广场北院
Tel：021-62861018

K11
Add：上海市卢湾区淮海中路300号
Tel：021-23103188

MINI TRAVEL | BEIJING

BEIJING
读城北京

老舍说："我所爱的北平不是枝枝节节的一些什么，而是整个儿与我的心灵相粘合的一段历史……从雨后什刹海的蜻蜓一直到我梦里的玉泉山的塔影……我的每一思念中有个北平，这只有说不出而已。"北京太大，要讲完不易。然而有一堆书，大把典故，里面藏着的北京全不同。走不尽北京，却能读一遍北京。

京郊温泉村附近一片怒放的二月兰花海。季羡林在《二月兰》中形容这样的花：二月兰一"怒"，仿佛从土地深处吸来一股原始力量，一定要把花开遍大千世界，紫气直冲云霄，连宇宙都仿佛变成紫色的了。"

▲ 傍晚是一天之中观赏颐和园最佳时刻，一墙之隔的颐和安缦为居住的客人提供了一个随时观园的选择。哪怕是房间里为客人准备的雨伞，也采用了北京古城的红色，充满了细节的美感。

▲ 颐和园最著名的景观长廊，东起乐寿堂西院，西至石丈亭，长700多米，上面画着有《西游记》《红楼梦》、西湖风景、二十四孝、牛郎织女等故事17000多幅。读完长廊里的故事，其实就完成了最生动的中国传统文化启蒙。

诗人北岛13年后再回北京，完全变了样。他想念自己的北京，决定写一本书："我要用文字重建一座城市，重建我的北京……在我的城市里，时间倒流，枯木逢春，消失的气味、声音和光线被召回，被拆除的四合院、胡同和寺庙恢复原貌，瓦顶排浪般涌向低低的天际线，鸽哨响彻深深的蓝天，孩子们熟知四季的变化，居民们胸有方向感……"

《城南旧事》里的北京是八岁的英子眼中撒欢了跑的胡同，逼仄的四合院，夕阳骆驼，断壁残垣。这种光影让人想到20世纪80年代最早那一批彩色照片，或者北海公园里留下最后的一抹阳光，质地粗糙，扮相老派，同带着健康而青春的光晕。

王朔描述北京人取而代之北京。贫嘴、异想天开，坚硬粗糙时不时又有点浪漫；永远不在队伍中，永远不听话。军队大院里玩枪的孩子眼里，北京是阳光灿烂的日子里唱苏联歌曲，什刹海游泳，打架，偷自行车，旷课的青春。

老舍说："我心中有个北平，可是我说不出来。"文人笔下的北京，不管是直着夸还是拐着骂，都丝毫掩饰不了它们对北京的特殊情感。他们用自己的语言形容这个城市，有时忧郁，有时调皮，更多时候是横冲直撞。街上永远涤荡着一股煤灰味，冬天的凛冽让穷人更加寒酸，灰头土脸的艺术家走在西单的立交桥上绕不下来，但这都不要紧，这就是北京。

郁达夫是北京的"死忠粉"："在北京住上两三年的人，每一遇到要走的时候，总只感到北京的空气太沉闷，灰沙太暗澹，生活太无变化；一出前门便觉胸舒，过芦沟方知天晓，仿佛一出都门，就上了新生活开始的坦道似的；但是一年半载，在北京以外的各地——除了在自己幼年的故乡以外——去一住，谁也会得重想起北京，再希望回去，隐隐地对北京害起剧烈的怀乡病来。"

周云蓬必然也患了一点儿北京病，他说："北京是一个'大锅'，煮着众多外地来的艺术爱好者，煮得久了，就想跳出去凉快凉快。但'锅'外面荒凉贫瘠，没有稀奇古怪的同类交流，那就再跳回来。"

但这也阻止不了他在各种音乐节上弹唱着北京的糟糕："北京北京／你就像一个动物园／人被关在笼子里面／北京北京／好像一个连环计／进来容易出去就难"这时候，台下那帮漂在北京的小文青们鼓掌连连。

03 绍兴菜馆

01 大觉寺

02 明慧茶园

04 大觉寺禅房

温北路

北京植物园

香山公园

西山国家森林公园

CITY GUIDE *of* **BEIJING**

Ray & Irena
夫妻俩，一个涉足于金融，一个在出版业工作多年；两人相识于北大，对文化的老北京兴趣浓厚

DAY 1
13:00 参观	15:00 品茶	19:00 晚餐	21:00 住宿
大觉寺	**明慧茶园**	**绍兴菜馆**	**大觉寺禅房**

DAY 2
10:00 游览	13:00 游览	15:00 下午茶	18:00 晚餐
北大燕园	**颐和园**	**颐和安缦**	**直树怀石料理**

百望山森林公园

06 颐和园
07 颐和安缦
08 直树怀石料理
05 北大燕园
圆明园

▲ 大觉寺又叫灵泉寺，这里的玉兰花和古树群最有名，能看到上千岁的银杏、300年的玉兰、老树松柏。北跨院内那棵古银杏有八层楼高，长了300年。它的四周围着九棵粗细不等的小银杏树，像九个小孩在母亲身旁，称"九子抱母"。

大觉寺
给女儿的第一本旅行书

Irena和Ray的女儿三岁，读书还吃力，Irena变换着方法，用一次微旅行让女儿先读北京城。他们在春天的下午驾着车开始了旅行，目的地集中在北京西北边，长居于此的Irena和Ray深知，北京的四季就是一本百读不厌的书。第一站是阳台山东麓的千年古刹：大觉寺。

跟季羡林游大觉寺

Irena和Ray喜欢大觉寺，把这里列为了私藏旅行地。跟读季羡林写的文章有关。游大觉寺，配上季老的书再合适不过。在《大觉明慧茶院品茗录》里他说："我每次从燕园驱车往大觉寺来，胸中的烦躁都与车行的距离适成反比，一进大觉寺的山门，我的烦躁情绪一扫而光，四大皆空了。在这里，我看到了我的苍松、翠柏、丁香、藤萝、梨花、紫荆，特别是我的玉兰和太平花，它们都好像是对我合十致敬。"

玉兰和古树是大觉寺最有名的景观。最好的玉兰在四宜堂院内。此花最早生在四川，乾隆年该寺的住持僧迦陵在四川病故，留下遗

▲ 通往大觉寺的路边藏着一个少有人知的秘境：一大片森林中，一望无际的二月兰在春日里开得茂盛坦荡。Irena和女儿在里面自由嬉戏。

▲ 明慧茶院据说是京城最大的茶院。吸取了中国传统茶艺和台湾新派茶的精华，追求茶、水、境、人、事、器的和谐。寺院也定期举办传统文化活动，例如古琴演奏等。

嘱，要将此花移植京师。于是，这株佛缘极深的玉兰便随迦陵的灵柩来到京城。这株玉兰如今已经快300岁了。文人们提到大觉寺时所说的"古寺兰香"，说的就是它。

树如其人，性情各异

树和人一样，时间一长，长了性格脾气。大觉寺古树多，奇树也多。北跨院内那棵古银杏，有八层楼高，长了300年。它的四周围着九棵粗细不等的小银杏树，像九个小孩在母亲身旁，称"九子抱母"。远远看去，这里像一片小树林，"独木成林"就是形容这样的奇景。

无量寿佛殿前另有两棵银杏树，一雌一雄。雄树已逾千年，号称"树王"，高度堪比十层楼，浓荫遮盖了大半个院子，六七个成人手牵手方能围拢粗树干。乾隆皇帝看了也惊叹，赋诗感慨此树千年的历史"世外沧桑阅如幻"。

在永不枯竭的山泉水之下喝茶

一千年前的辽代，之所以在这里建寺，是因为大觉寺背后有甘泉。不管怎样的干旱之年，泉水从寺后高山流出，从不衰竭。山寺甘泉成为传奇。20世纪90年代初，弃学从商的北大中文系毕业生欧阳旭与友秋游，傍晚在山中迷路，误打误撞走进了大觉古寺，借宿寺里。夜里，他同管寺人秉烛夜谈，热血沸腾的年轻人在古寺的空寂中找到典故和灵感，想在这座幽静僻远的古刹中创办点什么。最后他们建立了明慧茶院。这或许也是禅意佛缘。

MINI TIPS

绍兴菜馆

在北京古寺中，寻到一家江南菜馆，就像颐和园中看到那条苏州街的惊喜。明慧茶院下还有一家菜馆，主打绍兴菜，由原来的戒堂改建而成。一眼望去，这里摆满了古色古香的酒坛，女儿红和陈年花雕的味道飘在空中让人胃口大开。"宋嫂鱼羹"和"清汤越鸡"自然不错，但以茶入菜的几道菜更值得推荐。比如龙井虾仁，以及明慧茶院独创的茶熏仔鸡、乌龙爆河虾，茶客必赞。

▲ 对颐和园来说，四季皆景。春天三月的玉兰桃花盛开，夏日避暑看荷叶连连，秋日天高桂花香，冬天白雪冰面静寂一片。一早一晚入园是避开游人独享好景的时机，旁边的颐和安缦则为入住客人提供了一个随时入园的绝佳机会。

张捷
《人物》杂志执行主编；建筑爱好者

每次去颐和园，都会绕着昆明湖走一圈。人很少，走起来很舒服。有一个夏天，走到一半的时候乌云密布，开始下暴雨了。我们只能躲进湖边一个凉亭里躲雨。半个小时就好像看了一场大片似的，看到从雷电交加到暴雨过后的平静，最后湖面干干净净有一点淡灰色，像什么都没发生过一样。还有一个是冬天的昆明湖面，全都结冰了，空阔辽远特别美。

明慧茶院就在这永不枯竭的大觉寺之下。慕名之客不绝，欧阳中石、范曾以前常来，季羡林赞不绝口，特意写一篇文章讲它的历史来由。尤其是春天4月半，玉兰花全盛，花与茶香引得茶客流连。明慧茶院每年春天精选优质春茶，加之山寺甘泉水，可以与杭州"龙井茶、虎跑水"的结合媲美。Irena和Ray一家人围坐，闻香品茗，这些淡泊的茶味想必也成为了三岁女儿的茶启蒙。

颐和园
一早一晚，最佳时间

从季节上来讲，颐和园的旺季是4－10月，植物在这段时间都复苏舒展，各展姿色。3月里西堤的两岸桃花开得如荼，成为最早的动人春色。春风虽好，要注意避开"京城无处不飞花"的4月半至5月半的柳絮季；到了盛夏，这里的大小园子和绿荫中的亭台，是别具一格的避暑之地。夏日里看接天莲叶无穷碧，繁盛的池塘中也能看出莫奈后花园的效果。如果是暴雨之后去到园子，不但人少，清凉透心，更是翠绿欲滴。

秋天里天高气爽，后山一片秋景，九十月时满园桂花飘香。到了冬天，雪后的颐和园是皑皑冬色中最惊心动魄的美，湖面的厚冰直通昆明湖和对岸的佛香阁，完全达到了"免票"效果。

▲ 如果选择清晨游览园子，会发现江南的气质，湖面都是氤氲。慈禧爱园子，爱排场，为了给自己庆祝60岁生日，她挪用了海军经费修建颐和园。她最后的几年时间里，频繁来往这里共32次。

游人太多，再美的景观都沦为一场摩肩接踵的群众"放风"。恰当的时间赏阅最珍贵的景色是一门旅行途中的学问。一早一晚是观赏颐和园的好时机。早晨6：30就开园，这个时间点到达几乎能够悠闲地赏遍满园风光；再就是晚上5点，颐和园规定了最晚入园时间却不清场，能够呆到很晚。如住旁边的颐和安缦，客人可以从一个小门中独入颐和园，独享这里的静夜之美。

一定要游船

去颐和园一定要坐一次游船，从湖面上看万寿山的视觉效果非常棒。这也是有典故的。懂得享受的老佛爷对景观也讲究之极，颐和园三分山，七分水，特意开辟了水道供游船观赏。水道曲径通幽，烟雾茫茫，亭台楼阁就在一层层间展现。现在也能从万寿寺行舟入园，路线也与慈禧当年无二。

颐和园的桥

Irena游览过世界上许多经典大桥。雨中的查理大桥，佛罗伦萨乌菲兹美术馆里的老桥，黄昏的里阿尔托桥。然而这些都比不上她在静夜中观看到的十七孔桥月光下静谧的剪影让人心动。颐和园景观甚多，桥是景中景。仅仅是西堤上，就从北到南筑有界湖桥、豳风桥、玉带桥、镜桥、练桥、柳桥六座造型不同的桥。

▲ 最富盛名的十七孔桥，桥上悬挂的所有匾联，都是乾隆撰写的。桥南端横联上刻有"修蝀凌波"四个字；北端有一副对联"虹卧石梁岸引长风吹不断，波回兰浆影翻明月照还望"。这岂不是古人留下的观景指南？

▲ 去颐和园，必然不能错过去德和园的戏楼看京剧。这是以前慈禧看戏的地方，是清代皇家宫殿、行宫、园林中的各式戏台中保存最完好的。也是米歇尔·奥巴马访华带着母亲和女儿一起看戏的地方。

179

▶ 颐和安缦保持着一个皇家园林应有的端庄和格调，石径逶迤，草木扶疏，建筑的平衡之美和细节的微妙有致完整结合于一体。人与车行走其间，被周边植物拦隔，脚步消弭无声。

Kwong
时尚生活概念店公关总监，酒店爱好者

颐和安缦里的独栋四合院和标准客房从体验上来讲天差地别，只有独栋四合院才能最大意义上让你感受它的精髓。不过在北京圈子里，大家更为享受的还是到它的小花园里喝喝下午茶，配餐平平，但精选中国茶还是有些讲究。最重要的是，院子里春夏秋冬独有的景致是别地儿没有的。

MINI TIPS

直树怀石料理

酒店中的直树怀石料理一直有很高的声誉，法式和日本料理相糅合的烹饪技术，厨师会在客人面前演绎整个烹饪过程，用餐的过程充满了视觉的美感。

颐和安缦
下午一切为茶而停

一首英国民谣是这样唱的："当时钟敲响四下时，世上的一切瞬间为茶而停。" 传统英国人每天花在"Teatime"之上的时间足有1/3。在中国，爱茶品茶者多，时间不亚于英国，却没有明确的"下午茶"概念。颐和安缦为人们提供了这样一个建议：在一场中国的风雅气派和皇家园林中，停下来两个小时，用西式的下午茶时间感受秘境中的风景。

颐和安缦与颐和园一墙之隔。安缦集团在全球共有23家奢华度假酒店，虽风格各异，但均选址在最纯净的自然环境中，和当地的景致及文化完美融合。颐和安缦选址在颐和园中，充分地融入了逾百年的历史建筑中。在一个园林中即可读懂一代王朝。主体是四合院古建筑，当年慈禧太后使用过的地方，皇家园林的雍容端庄和庭院美学都展露无遗。

即使只有一个下午，这里的下午茶时光也让人体验到充分的北京历史和文化。阳光透过窗格折射，留下不同层次的阴影。水榭边的庭院酒廊，大气的明式木头家具，层层糕点展开，中式茶和西式茶任选，慵懒时光，目光所及的园林如画，拿一本书消磨一下午，就是最好的配点。

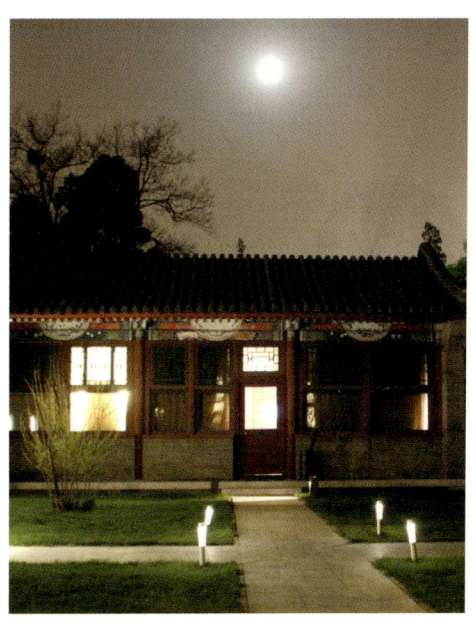

▲ 在颐和安缦里，可以花一下午的时间，捧一本书喝茶，看园中景色；也可以更短，一顿丰盛晚餐的时间；当然，如果能够在此停留一晚最好。夜晚的四合院可以赏月、散步。安缦的房间设计绝对是一门大学问，在这里，汲取了古代帝王所要求的威仪感，地面铺设的仿制金砖，打磨后散发出一种厚重的色泽。开放式天花板，木质房顶的梁椽榫架，无不端庄典雅。卧室与起居室二合一的格局，置着明式风格的家具，配有长榻、阅读椅和书桌。传统木质格栅窗棂和竹帘，营造出一种大家风范。

MINI TRAVEL | BEIJING

▲ 北大原是创建于1898年的京师大学堂，中国近代史上第一所大学，新文化运动与五四运动的中心，多种社会理想在中国的最早传播地。北大的环境构造和建筑风格同样出色，未名湖和博雅塔早已成为一种文化象征。

爱礼中
作家、记者，
著有《别处生活》《大地清凉》

印象最深的是北大未名湖上面的石舫，尤其是晚上坐在上面，望过去对面就是博雅塔的剪影。年轻的时候跟一群爱诗歌的朋友常去那里，还举办过"未名湖上夜诗歌"的晚会，很有感觉。

北大燕园
燕园探不尽

从颐和园开着MINI到北大燕园并不远，就像从一座园林，穿梭到了另一座园林。这是Ray和Irena共同的母校，这也是读城北京的必经之站。

游北大，Ray和Irena如数家珍。第一站当然先去未名湖看看，这个湖泊早已变成一种燕园象征。东南角的博雅塔堪称北大文物中的神来之笔，取辽代密檐砖塔样式建造。校园里的塞万提斯像是1986年北京与马德里结为姊妹城市后，马德里将西班牙广场的塞万提斯像复制赠送的。百年纪念讲堂仍是重要的活动场地；燕南园里一直住着北大乃至中国最优秀的学者。北大赛克勒考古与艺术博物馆值得一去，要知道，北京大学考古学系是中国成立的第一个考古学系，而这里收藏着上万件珍品。

静园草坪

静园草坪是目前燕园内最大的一块草坪。春秋时节，这里是很好的休闲之地。也是北大人心中一个重要的地方。北大百年校庆时的文

▲ 静园草坪是燕园中最大的草坪，供游人休憩，供学子晨读，供理想者谈天，供恋人谈情。它成为北大学生心目中重要的一部分，两侧是古朴的建筑六院，这片空间变得中西兼备，传统又开放。

艺晚会也是在这里举行的。北大中文系教授温儒敏在其文章《书香五院》中回忆：北大最大的草坪起初是在图书馆东边，图书馆要扩建，把草坪占用了，学生抗议，校方只好派人把静园的果树砍掉，改造为草坪。

有一名北大学生这样写静园的草坪："这里曾经是高晓松那帮拿把破吉它到北大糊弄小女生的主儿极尽能事的舞台，更是我们北大人读书休憩的好地方。很多北大的情侣相识、相约、相恋在草坪，他们对这块草地的感情更深厚。"坐在晨读的草坪上，读一本宗璞的《燕园树寻》或《燕园桥寻》，就是一场充实而完美的旅行。

民国建筑"六院"

草坪两侧的建筑称为"六院"，是六处三合院落。地处未名湖之南，在民国时曾是女生宿舍，因此在北大有非常高的地位。保持着民国时期的建筑，古朴悠然，成为很明显的风格。六院呈"品"字形布局，砖木结构，每座院落中都有循窗而上布满墙面的爬山虎，高大的乔木交错，绿意悠悠。

MINI TIPS

赛克勒考古与艺术博物馆

要知道，北京大学考古学系是中国成立的第一个考古学系，现在有50多年历史了。博物馆位于北大鸣鹤园，古风古雅的建筑，院内有一个标志性的石质日冕。这里收藏着上万件珍品，虽不像国家博物馆那么声势浩大，但游览环境和历史意义绝对胜过国博。这里收藏的一些史前文物和石器时代的作品同样珍贵，博物馆由赛克勒先生捐助建成。

MINI CITY GUIDE | 在北京，你还可以去这些地方

1 　书店/空间
单向空间

没来过单向街就称不上是文艺青年。这家由13位媒体人创办的独立书店，用8年的时间发展打造成为北京文艺书店的代表，许多文化名流都是这里的座上宾。如今单向街升级为单向空间，以阅读为起点，发散到文化生活的各个方面，由单谈、单读、单厨、单Design等构成。既可以在这里听一场高品质的文化沙龙，也可以在咖啡美食的伴随下，令思维的乐趣更彻底地被激发。从最初的一家店扩展到现在的三家店，图为爱琴海店。

2 　书店/餐厅
老书虫

闹中取静的三里屯南街上，它是Lonely Planet眼中的全球十佳书店，亚洲仅此一家，是美国文化评论网站Flavorwire选出的世界最美20家书店之一，与其比肩的是旧金山"城市之光"、巴黎"莎士比亚"等世界顶尖书店。老书虫所做的比一个好书店该做的更多，1.6万本藏书，是微型图书馆，是酒吧、咖啡馆还是西餐厅。每年的"书虫国际图书节"会请来60~80位世界各地的作家举办文化沙龙。

3 书店

三联韬奋书店

当城市进入午夜，书店就是灯火。1996年开业，三联韬奋书店算得上是皇城根下的长寿书店了，2014年初这家高龄书店被注入新的生机，正式升级为24小时不打烊书店。李克强总理也赞许它，要把深夜书店打造成北京的精神地标。实体书店早已不只是一个买书的场所，在春风沉醉的夜晚，这里为深夜睡不着的书虫们提供了聚头的新根据地，饿了、渴了，三楼的雕刻时光咖啡馆也可以24小时满足你的肚皮。

4 书店

Page One

31岁的PageOne早已不是新加坡的专利，北京最繁华的商圈，总能看到他的身影。在这个巧克力色的大木屋，2/3都是外文书籍。一层是艺术设计类图书，二层是中英文大众类图书、童书、杂志和文具礼品区。顺着通向二层的楼梯拾级而上，沿途都摆满了书，总有读者席地而坐，迫不及待享受一本书的愉悦。PageOne在旁边开了间the Woodhouse，伴着书香还能品尝到好吃的简餐和咖啡甜点。

MINI TRAVEL | BEIJING

BEIJING LABEL ｜ 北京风物

炸酱面

央视大楼

冰糖葫芦

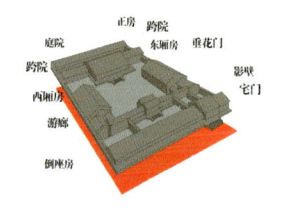

四合院

烤鸭

百货大楼

酸梅汤

兔儿爷

布鞋

插画 by 郭静

186

INDEX ｜ 索引

HOTEL

颐和安缦
Add：北京市海淀区颐和园宫门前街1号
Tel：010-59879999

大觉寺禅房
Add：北京市海淀区苏家坨镇北安河乡大觉寺路9号
Tel：010-62456163

VIEW

大觉寺
Add：北京市海淀区苏家坨镇北安河乡大觉寺路9号
Tel：010-62456163

颐和园
Add：北京市海淀区新建宫门路19号
Tel：010-62881144

十七孔桥
Add：北京市海淀区昆明湖路

北京大学
Add：北京市海淀区颐和园路5号

什刹海
Add：北京市西城区前海南沿新街口
Tel：010-66125717

玉泉山
Add：北京市海淀区玉泉山路

北海公园
Add：北京市西城区文津街1号
Tel：010-64033225

FOOD

绍兴菜馆
Add：北京市海淀区苏家坨镇北安河乡大觉寺内
Tel：010-62461567

明慧茶院
Add：北京市海淀区苏家坨镇北安河乡大觉寺内
Tel：010-62461567

直树怀石料理
Add：北京市海淀区颐和园宫门前街1号颐和安缦酒店内
Tel：010-59879999-7456

SHOP

单向空间
Add：北京市朝阳区七圣中街12号爱琴海购物中心3楼3025室
Tel：010-84240036

老书虫
Add：北京市朝阳区三里屯南街4号楼
Tel：010-65869507

篱苑书屋
Add：北京市怀柔区雁栖镇交界河村智慧谷
Tel：13910105454

Page One
Add：北京市朝阳区三里屯路19号院南区2号楼1-2层S2-14A-B
Tel：010-64176626

颐和安缦礼品店
Add：北京市海淀区颐和园宫门前街1号颐和安缦内
Tel：010-59879999转礼品店

MINI TRAVEL | XI'AN

XI'AN
城墙下的西安

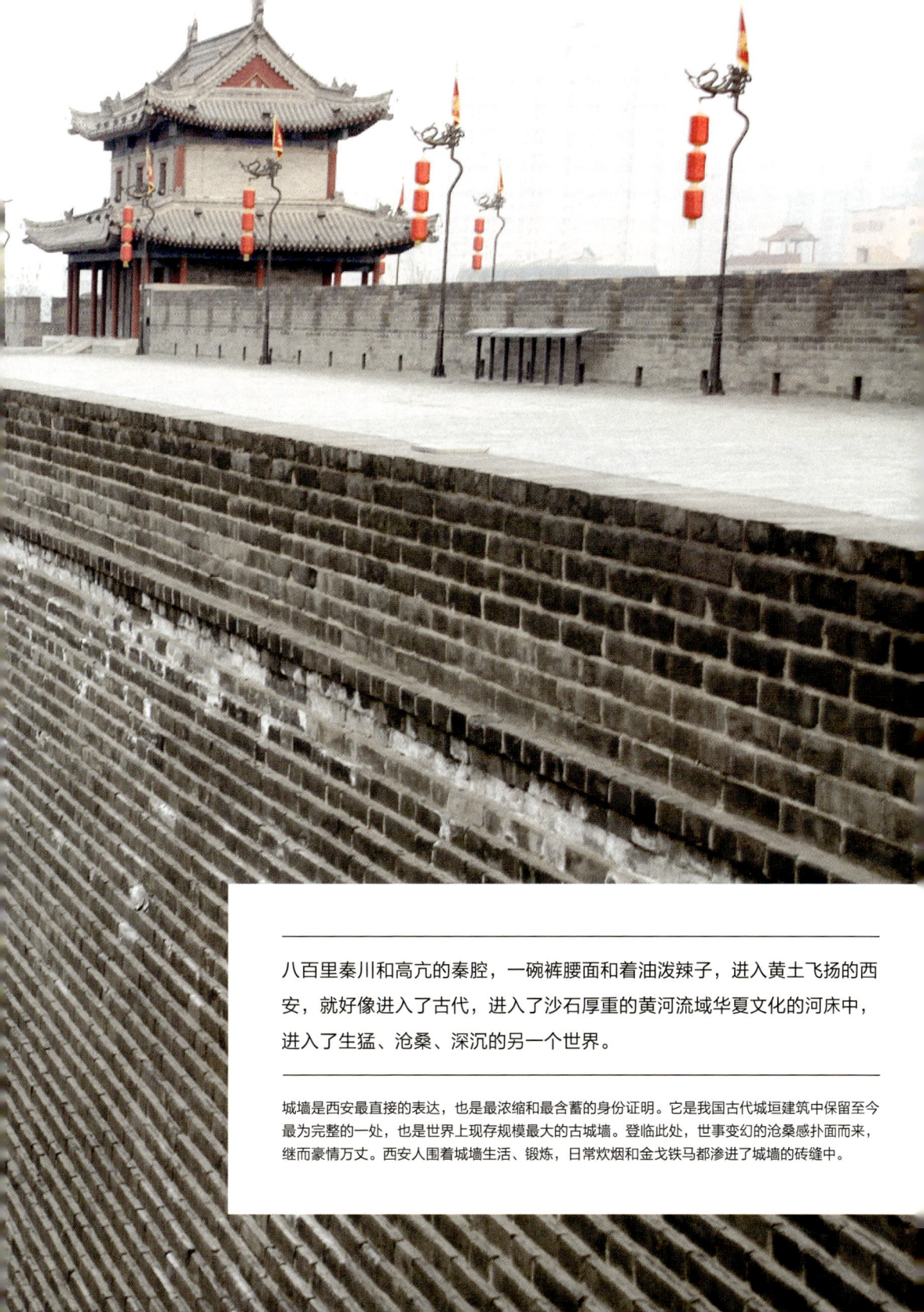

八百里秦川和高亢的秦腔，一碗裤腰面和着油泼辣子，进入黄土飞扬的西安，就好像进入了古代，进入了沙石厚重的黄河流域华夏文化的河床中，进入了生猛、沧桑、深沉的另一个世界。

城墙是西安最直接的表达，也是最浓缩和最含蓄的身份证明。它是我国古代城垣建筑中保留至今最为完整的一处，也是世界上现存规模最大的古城墙。登临此处，世事变幻的沧桑感扑面而来，继而豪情万丈。西安人围着城墙生活、锻炼，日常炊烟和金戈铁马都渗进了城墙的砖缝中。

MINI TRAVEL | XI'AN

▲ 一边是守候上千年的古老城墙，一面是城墙下热闹的集市，人们在几千年里以同样的热忱生生不息。这是旅行最好的落脚点：我们发现了一个历史悠久的景观，与这个城市里的人们共同生活，并没有割裂开来。

▲ 陕西历史博物馆中的泥塑仪仗队。尽管经历了漫长的历史，仍然可以依稀看见鲜艳的色彩，它们的古拙与生动，变成西安城市性格的一部分。

"东有罗马，西有长安。"长安是认识中国历史不可错过的那个城市。6000多年的岁月，它曾是13个王朝的建都地。它是丝绸之路的起点，中国第一个国际性都市。

西安是长安的现代化身。它就是上一个北京。经历了朝代的更迭、政治的变迁、文化的形成与生根，这个长寿的城市装满了智慧的哲学。古城墙和秦腔、碑林和兵马俑、皇陵和大雁塔，以及林林总总的古迹，就像一个业已消失的高级星球，留下一堆凭人破解的文明密码。

从古代到现代，西安都是一个适合旅行者的城市。听了一千万遍的耳熟能详，也不如身临其境的震撼。作家贾平凹写《西安这座城》，满是语无伦次的骄傲："钟楼已没钟，晨时你能听见的是天音，鼓楼已没鼓，暮时你能听见的是地声，再倘若你是搞政治的，你往城东区看秦兵马俑，你是搞艺术的，你往城西区看霍去病墓前石雕。我不知疲劳地，一定要带领了客人朋友爬土城墙，指点那城南的大雁塔和曲江池。"

西安这种深厚的光晕来源于它停滞了一个王国光彩炫目的瞬间。唐代美学在这儿根深蒂固，高原豪情喷薄得如日中天，所以这座城市既优美，又爽快；既含蓄又奔放。"它的城墙赫然完整，独身站定在护城河上的调板桥上，仰观那城楼、角楼、女墙垛口，再怯弱的人也要豪情长啸了。" 西安人的鲜明特点也从这里流淌出来：宽仁质朴、豪爽耿直、大气豁达。

西安的街角和公园中，总能看到普通人自发表演的秦腔或者皮影木偶戏。逢年过节，穿上红戴上绿别上腰鼓就扭了起来。这是一个把传统和文化深入到地砖缝的地方，人们的文艺气息来自遗传。作家莫言曾聊到，在西安，作家的地位是中国最高的。任何一个出租司机都可能把你拉向某位作家所住的地方。人们赠送礼物，最高级的或许是秦时的断壁瓦片、唐代的木头残存。

引领我们游览西安的City Guide叫黄昆，在北京漂过很长时间，他最终回到了他热爱的西安。他享受这里古老、现代的一切，这儿的美食和历史。看透了西安，再看别处已是寡淡无味。 他告诉我们这里不可错过的东西，即使你已经在网上看过很多遍：大雁塔、古城墙、碑林和西安美食。

DAY 1

08:00 游览	09:00 早餐	10:00 游览	12:00 午餐
老城墙	集市	陕西历史博物馆	westin酒店
14:00 喝茶	15:30 参观	16:30 参观	19:00 晚餐	23:00 住宿
大唐博相府	碑林	城墙骑行	老碗	westin酒店

CITY GUIDE *of* XI'AN

黄昆

西安人，脑中装着随时更新的西安美食地图；在北京工作多年后回到西安，自得其乐。享受西安这座城市的生活

02 集市

老城墙 01

未央路 二环北路 连霍高速

大明宫遗址

西安站

钟楼

长乐东路

半坡国际艺术区

06 碑林

南路

03 陕西历史博物馆

05 大唐博相府
04 westin酒店

大雁塔
西安植物园

大唐芙蓉园

07 老碗

西安绕城高速

陕西自然博物馆

MINI TRAVEL | XI'AN

▲ 老城墙是一定要登上去的。如何感知这片古城墙，存在的方式也许有上千种。清晨前来，在城墙边的林间漫步；在细雨中，看砖头被细密的雨滴打湿；或者等着傍晚过来，看红色灯笼亮起，都是别样的体验。旁边的公园就是一个浓缩的西安城，老人们晨练，打乒乓球，练习武术，还有人唱着干脆悠长的秦腔。只要一声，那感觉就来了。

老城墙
清晨8点的老城墙

在西安，如果没有清晨起来走过老城墙，整个旅程一定丧失了最浓烈的味道。有着6000多年建城史的古都，这片完好的城墙见证了太多历史。隋唐的闹市，明朝的马车，都曾在这里驻足往来。它的丰富和低调，内涵深远和波澜不惊一起，深藏在古旧的砖色里。

老城墙是如今西安最独特、珍贵的名片之一。城墙完全围绕着"防御"战略修建，厚度大于高度，稳固如山，在墙顶可以跑车和操练。这是中国历史上最著名的，也是最完整的一座古代城垣。今天的古城墙、护城河、环城林带、环城路和顺城巷构成了一个系统的环城立体公园。

面对完好的城墙，黄昆想到的是"万幸"。在动荡的年月里，即使是老北京城也遭遇了很多拆除和重新规划。而西安的城墙最终保留下来，跟管理者的思路有关。真正懂得古建筑、有着保护意识的人很少。"西安的万幸就在于，当时做这个规划的人都是中国和苏联很权威的专家。"

城墙下的集市

在一大片古朴的城墙上面往下看，忽然发现了一个热闹的集市，这种感觉很打动人。烟火气赋予城市景观更加真实的味道。逛城墙下的这个早集市是黄昆最爱的西安生活片段，即使是在细雨中，集市也依然火爆。早起享受早餐的人们络绎不绝，城墙边的"老兰家早

MINI TIPS

老兰家

就在城墙下面，"老兰家"人气很旺，大老远就能看到排着长龙的队伍。本地人都爱这儿口味。现场制作的优质腊肉汁夹馍，远远就能闻到香味，配上一碗肉丸胡辣汤，成了西安人一听就咽口水的绝妙搭配。

▶ 青铜器、唐代壁画、历代陶俑、铜镜、金银玉器……流连历史博物馆中，会发现这些憨态可掬或者精美绝伦的器物，即使诞生在几百年各种不发达的从前，却散发着比今天更加高明的设计和美学味道。美与手相通，与心相连，工匠们的灵魂和经验为它们注入了生命力。

晏礼中
作家、记者，
著有《别处生活》《大地清凉》

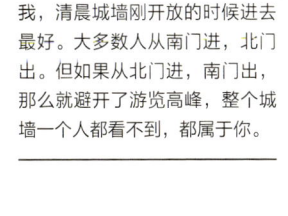

最喜欢西安的城墙。当地人教我，清晨城墙刚开放的时候进去最好。大多数人从南门进，北门出。但如果从北门进，南门出，那么就避开了游览高峰，整个城墙一个人都看不到，都属于你。

餐"是黄昆大爱。

熟练制作的肉夹馍冒出热气腾腾的香味引人垂涎，配一碗胡辣汤，一早晨就有了活力。黄昆说自己有很多朋友守在西安不愿意往外面跑，很大程度上是因为离不开这一口：泡馍，糊辣汤，上好的面食和水盆羊肉。这条小街，承载的可是绵密情长的西安"胃"道。

陕西历史博物馆
用一天穿梭千年

够味道的肉夹馍与糊辣汤之后，开着MINI PACEMAN来到陕西历史博物馆。西安古都的独特和丰富、悠久与盛世遗风，都被写进了历史博物馆。奴隶社会、大一统秦帝国、巅峰时期的唐朝……馆藏370000多件文物，上至远古时期，下到1840年以前，时间跨度长达100万年。信息量太大，这些足够用一天的时间仔细品读。

博物馆的建筑也很有风韵，古都气息扑面而来。由一组仿唐风格的古典建筑构成，很像中国古代的宫殿与庭院。整体色彩淡雅，以白、灰、茶色为主。在众多历史段落中，黄昆最喜爱唐代美学，简洁，却韵味丰厚。唐朝的经济繁荣，全民开放环境，让艺术创作进入了全盛时期。唐墓壁画馆收藏了近20座唐墓的壁画，1998年克林顿在参观后称赞它和兵马俑一样有价值。参观这个壁画馆需要单独的门票。

▲ 有着像人类一样严肃表情的十二生肖，匀称又平稳的青铜器，都让人目不转睛。学生时代逃掉无数节枯燥的历史课，却在后来的生活无数次跌进历史的美学中无法自拔，这大概是很多人都经历过的美好"旅途"吧。

▲ 西安Westin酒店充满现代设计感的中庭。主体建筑之间用回廊连接，大面积的白色配合暖色灯光，可以看到会所的咖啡厅、餐厅和下沉花园，有一种"迷宫"的味道。威斯汀的设计团队——上海如恩设计工作室从厚实的古城墙获取灵感，外围选取了具有当地唐代建筑特色的复合石砖和黑色泥灰构建酒店的表皮，看上去具有厚重的历史感。内部则尽量简化利落，线条有力，使用大面积白、木色和黑色几何块形，又是一座极简主义的现代建筑。

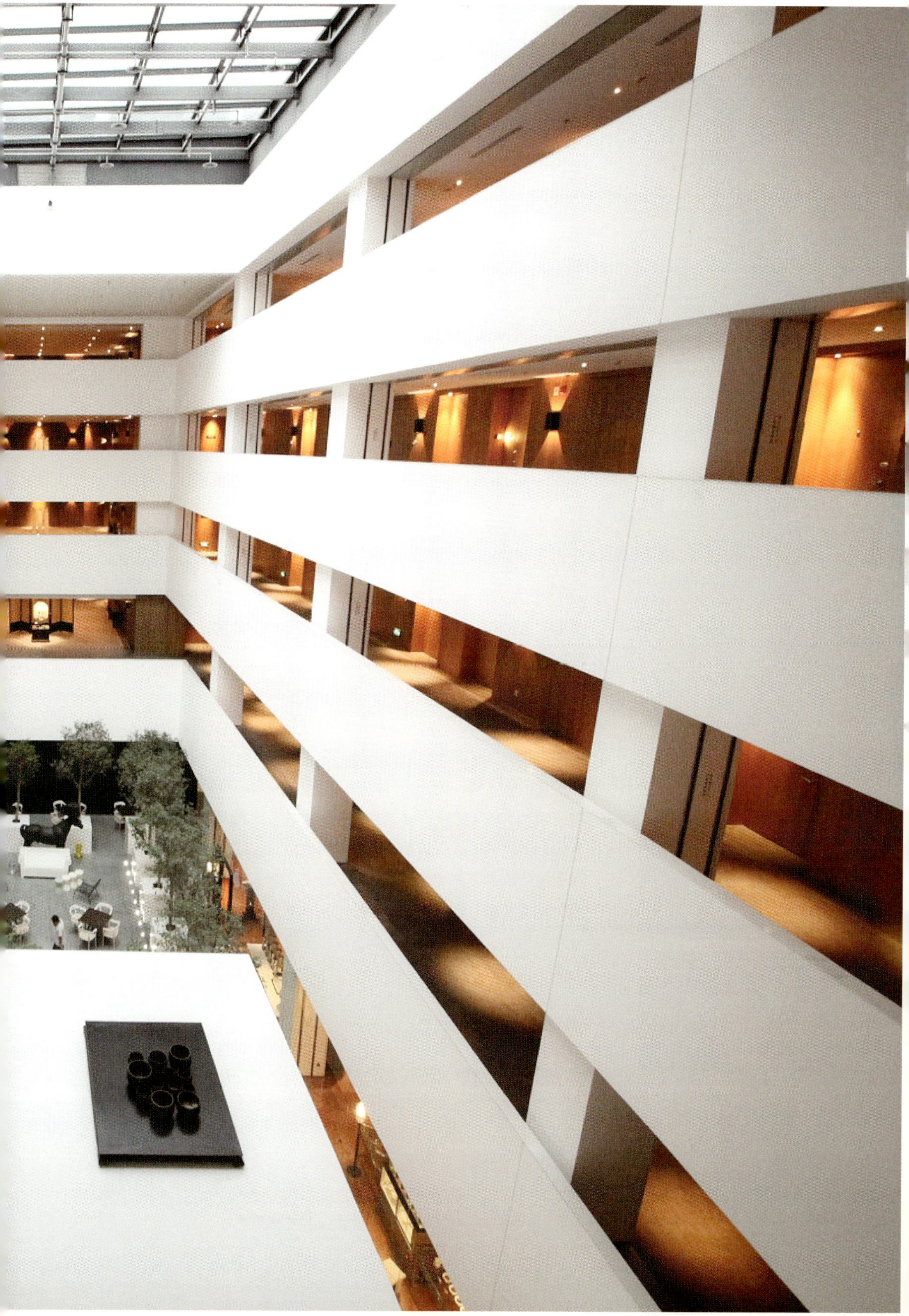

◀ 酒店的内部，精致的装潢处处照应着唐风秦韵的古意。同时又把控在简洁、几何感十足的风格中。大量锻铁铸造的吊灯和雕塑、古铜色屏风、深蓝色玻璃，都让整个空间显得优雅、艺术。

Westin
文物群中的酒店

威斯汀酒店的选址是吸引众多旅行者前来的重要因素，它身处在文物群中。离陕西历史博物馆只有几百米，就在有着1000多年历史的大雁塔对面。向北几公里是钟楼和鼓楼，附近是带有传奇色彩的庙宇、遗迹。这儿的眼界开阔，位置极佳，西安城的风景精华尽收眼底。

巨型阶梯和下沉花园

酒店设计参照了唐代建筑的风格，六层楼高，低调、庄重、威严。外围是一圈水道，像镜面一样倒映出蓝天白云。酒店把自己精巧地藏在黑色的外壳之中。建筑中能看到许多传统的细节和厚重感，却同时和清新的设计元素平衡。黄昆印象最深的是酒店宏伟入口处令人震撼的阶梯，直通地下二层的下沉式花园。这个充满自然光照的地下空间是整个酒店建筑的核心所在。主入口和宴会厅入口雨棚设计很有特色，仿木纹的不锈钢方柱整齐排列成格栅形式，既现代又传统。

酒店内的博物馆

黄昆喜欢这家酒店，一是因为大雁塔，另外是因为它的地下二层，拥有一间博物馆。从宽大的景观台阶延伸到地下，整个过程已经脱离了普通酒店带来的居住体验。博物馆中珍藏着2000多件古董和艺术品，大量美妙的壁画，世界上唯一一件金盔甲，以及可追溯到北齐时代、罕见的巨型佛祖头像。为了展示壁画，设计师让每一幅壁画均占据了一整块墙面，有着浓厚的艺术气息。

▲ 旅行并不是必须飞到天尽头看海看山看原始的异域风情，旅行还可以这样：开着一辆车，轻松进入这个古老城市中最有设计感和品位的酒店，观赏就在旁边的古老文物和世界级文化遗产。

▲ 这是一家围绕着大雁塔设计的酒店，因此内部的大多数客房都有着狭长的窗户，独特地对着塔斜开，方便观赏就在窗外的大雁塔。黄昆提前数周就已订好了一个有着宽大阳台、直面大雁塔的房间。随着一天的开始和结束，酒店中都可以看到不同情境中的大雁塔。大雁塔有着1000多年历史，是中国最古老，也是最高的木质结构宝塔。跟历史以从未如此近的距离对眠，这是这间酒店带给人最大的惊喜之一。

MINI TRAVEL | XI'AN

▶ 大唐博相府在大雁塔脚下，既是酒店又是餐厅。这是西安难得的一家主打纯正陕西菜的高档餐厅，由陕菜大师掌厨。每年4月海棠花开，院内海棠树下是最抢手的观景位置，可以一边体会秀气的小桥流水，一边看对面屋檐之上的大雁塔尖顶。这里还经常安排有民乐、茶艺表演。

梵七七
旅行摄影师，瑜伽行者，
《慢游南亚120天》作者

在那烂陀寺旅行时，我惊讶地发现玄奘法师至今仍是印度最出名的中国人。大雁塔就是为保护他从印度带回来的经书而建，依摩揭陀国的雁塔式样，取的是大雁以身布施开悟小乘教徒的典故。大雁塔历经过战火、雷击仍然矗立千年不倒，是建筑的奇迹。

MINI TIPS

庄严的纪念物

楼阁式砖塔，塔身七层，呈方形锥体，造型简洁但气势宏大，格调庄严古朴。唐代诗人曾写大雁塔："四角碍白日，七层摩苍穹。"梁思成评价大雁塔是"一座庄严的纪念物"。大雁塔已经成为西安的古文化象征。

大唐博相府
大户人家的纯正陕菜

从酒店出来，只需要步行就可以漫步到"大唐博相府"，这家酒店的庭院与大慈恩寺仅仅一墙之隔，却又在一墙之间挡住了车水马龙。威斯汀的房间之外，这里是黄昆心目中观大雁塔的最佳地点。大唐博相府的选址是古时宰相迎接帝王下榻的地方，如今由著名的建筑设计师张锦秋设计，改造成中国首家唐文化博物馆式的酒店。同样的仿唐式建筑风格、中国传统的三进庭院，进去之后有种迈入古代的大户人家的感觉。

院里有两株海棠树，每年4月是花期。若是开放，可以保持盛开两周，这时候树下的位子就变成了最抢手的观景点。这个世界上爱旅行者众多，追求细节，强调意境合一的旅行者也不少。浓荫下，雁塔旁，一杯清茶，和友人聊天，抬头的时候望一眼大雁塔——历史那么广阔，那么长。琐事烦恼又有什么不能放下？

碑林
传世名作比比皆是

在中国唐代，除了在纸上探讨笔墨春秋，石刻碑文也是一项很重要的书法形式。佛教的盛行，人们热衷于通过碑文传递宗教精义，魏

▲ 碑林博物馆里的藏品都很有特色，不同的类别划分出不同的展厅。有专门展示佛教石刻造像的展厅，菩萨和诸神造像巍峨肃穆；有展示古代帝王陵墓前神兽的展厅，它们又严肃又呆萌；还有展厅放着一根根站着狮子的石柱，是古代时期宅院门口的拴马桩。

书、楷书、草书都在这一时期趋于成熟，大量碑文出现。西安的碑林便是在保存唐代经文的基础上建立起来的。

黄昆认为碑林是低调又顶级的西安景点之一。建筑在松柏掩映之间，端庄自在；传世名作比比皆是：林立的石刻上面，有秦汉文人的风骨，魏晋南北朝的墓志，大唐名家的绝代书法以及宋元名士的潇洒笔墨。王羲之、欧阳询、颜真卿、柳公权等书法大家的作品都能找到。不同作品之间的时间跨度足有2000年。

不容错过

这里有中国最完整的一套石刻书籍，唐朝的十二部经书：《开成石经》。使用了114块石头，总共65万字。碑林里最宏伟的石碑，是《石台孝经》，碑高将近6米，雕刻花纹复杂艰难，上面有唐玄宗李隆基亲自用隶书书写的《孝经》，以及他为孝经写的序。

一片石狮子林引起了黄昆的长时间驻足。这是明清时立在宅院门前供主人和来客拴马用的拴马桩，现代社会已经完全找不到了踪影。还有一些值得观看的展厅，例如古代帝王陵墓前的神兽，罕有地方以如此的主题集中展出，它们的造型独特，逼真，犹如穿越到了《山海经》的场景中。

▲ 西安市南城墙魁星楼下的碑林是收藏我国古代碑石时间最早名碑最多的艺术宝库。原为保存唐开元年间镌刻的《十三经》《石台孝经》而建，后经历代收集，规模逐渐扩大，清始称"碑林"。后来改名为西安碑林博物馆。馆内由孔庙、碑林、石刻艺术室、书法四部分组成，设七个陈列室、六条游廊和一个碑亭。

MINI TRAVEL | XI'AN

▲ 最美的瞬间可能只有一分钟。这一分钟，就是傍晚来到城墙上的所有理由。暮色降临笼罩古城墙，原本静默的古式灯笼在一瞬间全部亮起，白天肃穆沧桑的古城墙瞬间拥有了侠骨柔情的古典意境，就像翻开了一本古龙的小说。

▲ 绕完整个城墙至少需要100分钟，中途完全可以停下来插科打诨、拍照和休息。骑行到这个角落，美食专家黄昆向我们介绍了他经常光顾的城墙边的花园餐厅，及其望过去，对面那个二楼露天喝茶的好地方。获得这样的西安生活方式之私家珍藏，旅途变得精致从容多了。

老城墙
在城墙上骑行

明朝建立前，朱元璋就收到一个隐士的建议："高筑墙，广积粮，缓称王。"他采纳了这条建议，于是今天我们看到的西安城墙顶如此之稳固、宽阔，全是因为当年要用来跑车和操练。现在军事功能已经废弃，却增加了一项旅行体验：在城墙上骑行。这在其他城市和地方可不多见。傍晚时分，游人逐渐散去时租一辆自行车，骑行在古色古香的霸气城墙，就像环游在整个华夏文明的历史长河中。既豪情万丈，又世事沧桑。古城墙的宽度足以容纳两辆汽车并行。

华灯初上的一瞬间

为什么要在傍晚登上城墙？一是因为要看古老的西安在夕阳西下的时候，被染上的绝美暮色。再就是为了等待华灯初上的那一刻。暮色渐浓，你会发现身边所有人都在焦急又忐忑地等待某一分钟：一瞬间城墙两边所有的古代灯笼都亮起，灰色砖瓦在灯光的照亮下顿时隐藏了白天的肃穆杀气，平添了一种侠骨柔情的味道。城墙之上的大红灯笼在苍茫的黑灰色系中兀自开放，就像铁血金戈上绽放的花朵。

▲ 陕西风味餐厅"老碗"的装潢设计能看出来很费心思，处于精致与风俗民情之间的平衡。陕西八大怪中，就有一样是"盆碗分不开"，取名叫"老碗"，能让自称为"老陕"的陕西人备感亲切。对分量一定要保持着"不管多大碗也要平常心"的态度，招牌菜是葫芦鸡、干烧鲤鱼和小酥肉。

老碗
面食者的天堂

一顿不吃面，西安人都会心慌。晚餐的地点是古色古香并充满设计感的陕西风味餐馆"老碗"。黄昆喜欢老碗这个名字，它提醒了陕西人口味的根本。尤其是在国外或者国内其他城市出差或旅行时，这个名字让他一提起就有立马回归西安的冲动。他回忆起某次的藏地旅行，旅途虽好，但是半月吃糌粑酥油茶的经历不堪回首。飞机落地西安，他背着85升的背包直接冲进了路边的蒸碗店。花椒、大葱、辣椒、生姜、酸汤配上蒸馍，才算活了过来。

最爱是蒸碗

黄昆对西安美食的理解和经验，绝对是连一般的美食作家们都可望不可即的。从闻名遐迩的大餐馆到胡同里贾平凹经常光顾的小巷子里的羊肉泡馍馆，西安城里的每样美食他都如数家珍。其中最爱是蒸碗。在西安，无论是高档餐厅还是街头夜市，蒸碗都是快捷又美味的食物。扣肉、四喜丸子、黄焖鸡、八宝甜饭、黄焖带鱼和小酥肉，每一样菜的历史和典故他都能倒背如流。

从老碗三合一的干拌面说起，到桥头饸饹，再到葫芦鸡是怎么发明的，黄昆开始了陕西美食的专业课讲座。提到最爱的一道菜，是"辣子蒜羊血"。三样原料都在其中，简单明了，却是不可多得的美食。"陕西人喜欢吃烫饭，这道菜的最后一道工序是把滚油泼在辣子和蒜上面，辣子大蒜和羊血的香味即刻被滚油逼了出来。这道菜一定要在最热的时候吃！"还没说完，听者已经迫不及待地拿起了筷子。

崔斌
慢旅网创始人，互助旅行倡导者

丈母娘是西安人，擅长做陕西面食，其中最有特色的是"油泼辣子Biang Biang面"。此面是陕西八大怪之一，介于"干捞面"和"汤面"之间。面条宽过裤腰带，一"根"就是一碗的量。更奇的是为了配合方言"biang"而造出一个天下笔画最多的汉字，电脑打不出，普通话也读不出，此奇字已成为西安独树一帜的民俗符号。

▲ 陕西人爱吃面食，蒸馍是其中之一。对好的蒸馍的评价是：吃起来瓷实筋道，掰开能闻见浓郁的麦香，咬起来能嚼劲十足。这一点老碗似乎都做到了。

MINI CITY GUIDE ｜ 在西安，你还可以去这些地方

1 🍴 餐厅

云邸·尚食堂

单看外表，尚食堂完全没有传统印象中陕西菜的粗犷和豪迈。木质感的设计风格，池塘、壁炉、莲蓬，自然朴拙。巨大的落地窗前是咖啡区。菜品也精致，创新了传统的陕西菜，其中首推"喜面"和"秦盅"，前者将自制的酱料淋在蒸法烹制的面皮上，后者改良自户县小吃"辣子疙瘩"，加入牛肉和木耳后更为鲜香。尚食堂就在半坡国际艺术区里面，逛累了正好来这歇歇脚，吃点东西。

2 🎨 艺术区

半坡国际艺术区

半坡国际艺术区是西安版的798。曾经的西北第一印染厂已改造升级为西北最大规模的文化艺术街区。废旧的工业厂房经过创新再利用后已经成为艺术家工作室、展览空间、画廊等机构；由汽车零部件拼接的擎天柱、1973年生产的蒸汽火车头、艺术阶梯等组成了兼容并蓄的艺术区。一墙之隔，就是距今6000年左右，新石器时代的半坡遗址。

3 🗝 酒店

万达希尔顿

连接着古典与现代的西安万达希尔顿酒店是这座城市的地标性建筑之一。座落在帝王之都的市中心，装潢上与盛唐元素相结合，古唐纹饰和仕女图随处可见，游泳时还能看到泳池底部装饰的祥云图。2000平方米的大型空中景观庭院，是个闲时享受阳光，或者开Party、办婚礼的绝佳选择。与之比邻的东新街则是食客的天堂，地道的西安美食与酒店唐风古韵的一流设计都是旅行中值得驻足的理由。

4 🗝 酒店

索菲特传奇

始建于1953年的西安索菲特传奇酒店，曾是接待国家首脑和外宾的重要场所，周恩来、朱镕基、基辛格等名人都下榻在这里。位于明代古城墙内，融入了中法俄古典建筑的典雅精致。装饰一新的酒店，采用国际先进技术，提供个性化的管家服务。4万平方米的花园里，种着来自世界各地的珍贵树木。酒店一层的罗马假日意式餐厅，在露台便可饱览花园全景。这是全球第五家，中国首家索菲特传奇酒店。

XI'AN LABEL | 西安风物

MINI TRAVEL | XI'AN

大雁塔 　　　　　　　　　肉夹馍 　　　　　　　　　兵马俑

BiangBiang面 　　　　　　古城墙 　　　　　　　　　凉皮

皮影 　　　　　　　　　　羊肉泡馍 　　　　　　　　冰峰汽水

插画 by 郭静

INDEX | 索引

HOTEL

Westin
Add：西安市雁塔区慈恩路66号
Tel：029-65686568

索菲特传奇酒店
Add：西安市莲湖区东新街319号
Tel：029-87928888

万达希尔顿
Add：西安市新城区东新街199号
Tel：029-87388888

大唐博相府
Add：西安市曲江大雁塔芙蓉东路6-1号
Tel：029-85563333

VIEW

陕西历史博物馆
Add：西安市雁塔区小寨东路91号路北
Tel：029-85266247

大雁塔
Add：西安市雁塔区雁塔西路大慈恩寺内
Tel：029-85527958

碑林博物馆
Add：西安市碑林区三学街15号
Tel：029-87210764

半坡国际艺术区
Add：西安市灞桥区纺织城坊西街238号
Tel：029-83323730

曲江池
Add：西安市雁塔区曲江新区东南部
Tel：029-85562540

西安环城公园
Add：西安古城墙外

FOOD

老兰家
Add：西安市小南门和含光门之间的顺城巷

大唐博相府
Add：西安市曲江大雁塔芙蓉东路6-1号
Tel：029-85563333

老碗
Add：西安市雁塔区雁南五路40号曲江水厂街坊集市4楼
Tel：029-85338833

云邸·尚食堂
Add：西安市灞桥区纺织城坊西街半坡国际艺术区B区3号
Tel：029-83356113

相府茶苑
Add：西安市曲江大雁塔芙蓉东路6-1号大唐博相府内
Tel：029-85563333

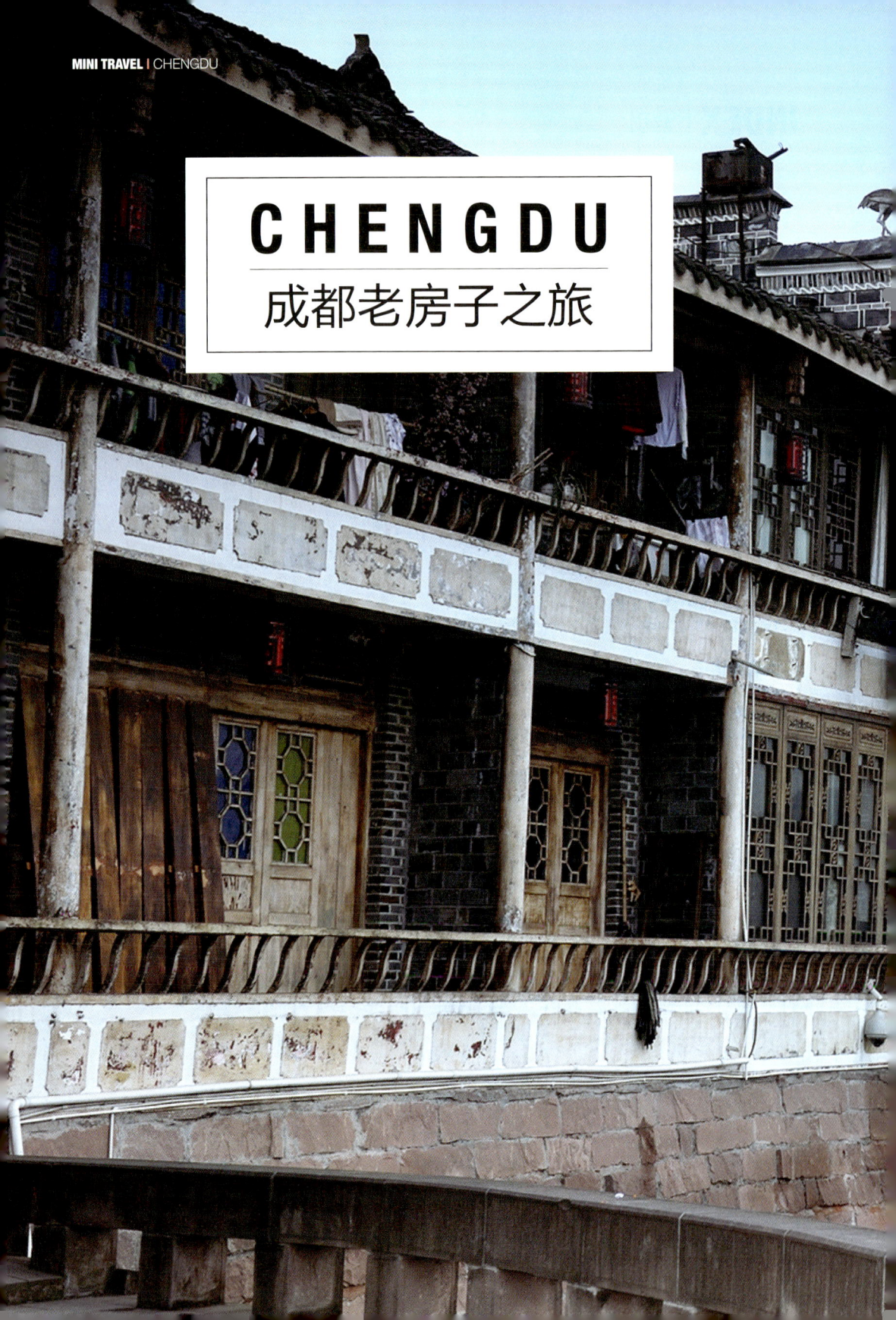

MINI TRAVEL | CHENGDU

CHENGDU
成都老房子之旅

"少不入蜀，老不出川。"老人们讲的话有道理。如果川蜀之地是一片让少年丧失斗志的温柔蛋糕，成都平原就是蛋糕上的奶油，更有直接的诱惑力。"一个来了就不想走的城市"是一种宣传，也是一种挑衅的告诫。既然美食、美女、茶馆和麻将俘获了大众的旅行评价，我们不妨把眼光转向角落，看看隐藏在街巷里的珍稀老房子。

老房子在这座城市里越来越少，但那些顽强坚守的旧式建筑却用气质和风格定义了成都。黄龙溪是川西保存最为完整，最有代表性的古镇之一，这里还能看见明清时期的老式建筑，木柱青瓦的阁楼，以及古色古香的店铺。在泛着粼光的江边，总能看到那些在此居住了一辈子的晒着太阳的老人们。

▲ 既有满大街的大碗茶馆，又有细品慢沏的精致茶室。茶文化贯穿了成都从上到下，从里到外的各个角落。闹中取静喝杯茶去，忙里偷闲拿杆烟来。这就是令人羡慕的成都式悠闲吧。

▲ 仿清代川西传统建筑的安顺廊桥，是在原有的风貌和遗址中建造起来的，是桥梁和建筑的综合体，也是古典又繁华的成都缩影。华灯初上，一派迤逦富贵的天府。

自旱涝无常的四川平原在李冰的治理下变得温顺后，成都成为富庶安宁之地的代表。"水旱从人，不知饥馑"的"天府之国"由此而来。它远离政治中心，在西南的平原上自给自足，才子佳人辈出。

李白说："九天开出一成都，万户千门入画图。"比起其他城市而言，这片土地上的人们很早就懂得享乐。因此又称为当今的"享乐之都"。在茶馆中寻求悠闲和与世无争，在麻将中斗智斗勇；在辛辣独特的美食之中寻找冲撞与刺激。形成了一套蜀人哲学：钱不是用来存的，而是用来花的。他们一面闲散着享受当下生活，一边保持着火辣的爽快和积极的斗志。

易中天说，天府之国一贯比较富庶，所以赤贫者不多；四川盆地很闭塞，所以暴富者也不多。不管有钱人没钱人，穷有穷的乐子，富有富的玩法。麻将、茶馆、川菜美味、秀丽风光，有哪一样是需要很多钱才能完成的？各阶层的幸福指数，相差也不大。

成都独树一帜地把茶文化转换成了"茶馆文化"。有人统计，成都每天有20万人泡在茶馆和休闲场所里。大街小巷上，随处可见茶馆，这算是"锦城一绝"。喝茶不是独品，成都人爱扎堆，一起喝茶一起摆龙门阵，喝热闹茶才有味道。为了配这道茶，川剧、变脸表演和那融合了杂技的"茶倌掺茶绝活"一起，成为了成都人娱乐生活里的大味道。

作为本章城市向导之一的翟頔是一位专栏作家，她笔下的成都充满了细节之美。她说："成都最美好的季节是四五月份，天气不冷不热，一场雨过后，树上坚持了一个冬天的老叶子总算被清算干净，新绿像男人的新欢，招摇地羞涩着。"刘洋则是一个著名的建筑设计师，他每天牵挂着这座城市里的老房子。

"我一直确信城里有很多被遗忘的空间。旧的东西和新的东西没有冲突，是可以调和的。保护旧建筑和历史街区，是处理城市的发展、保护与再生的关系。每一次去探访老建筑，去做调查，都是一次城市微旅行。这是我和这个城市最私人的对话。"我们不妨跟随他们的步伐，从成都的老房子开始串联这座城市的一切。

成都站

04 竹芝书吧

金沙遗址博物馆

08 小通巷

05 宽窄巷子

古今茶语 06

天主堂

09

钓鱼台精品酒店 07

邮电局

浣花溪公园

天府广场

人民公园

武侯祠

四川大学华西医学中心 10

11
巴国布衣餐厅

15 布衣客栈

CITY GUIDE *of* **CHENGDU**

刘洋&翟頔

久居成都的夫妇俩，刘洋是著名建筑设计师，深爱成都的老房子，喜欢在此基础上改造；夫人翟頔是知名的专栏作家，对这个城市有着深刻的洞察和爱

13 黄龙溪古镇

03 明婷饭馆
01 狮马路92号
02 小关庙
14 望江公园
12 白药厂

DAY 1	10:00 参观 狮马路92号	11:00 游览 小关庙街	12:30 午餐 明婷饭店	14:00 游览 竹芝书吧	16:00 游览 宽窄巷子	17:00 晚餐 古今茶语	23:00 夜宿 钓鱼台
DAY 2	09:00 游览 小通巷	10:00 游览 天主堂	11:00 游览 四川大学华西医学中心	12:30 午餐 巴国布衣餐厅	14:00 游览 白药厂	15:00 游览 黄龙溪古镇	
DAY 3	15:00 游览 望江公园	19:00 晚餐 蜀九香餐厅	21:00 夜宿 布衣客栈				

MINI TRAVEL | CHENGDU

▲ 墙皮剥落，墙上的白石灰抹得不均称。超高的挑顶使得空间感极强，旧木头搭建的横梁是老四川的典型建筑风格。刘洋的工作室就隐藏在狮马路街道中一座老房子里。他把这个空间发挥得很跨界混搭，老式建筑和家具搭配上西方的怪趣味和波普风，让人忍俊不禁。

MINI TIPS

成都宫廷糕点铺

成都老字号的宫廷糕点，在各种西点蛋糕店横行的今天，却依然保持着火爆生意。翟顿每次路过这里，都忍不住买一盒"冰淇淋蛋糕"，老式的口味，尝一口就是成都味。还有桃酥、葱油酥、核桃糖、绿豆饼，每天新鲜出品时，香味弥漫好几条街。

狮马路92号
旧厂房变为工作室

城北老城区小关庙周边的狮马路是众多成都老街中的一条。许多建筑破旧不堪，还保留着二层阁楼的样子。然而这的确是个悠闲生活之地，市井和日常的细碎让它在陈旧中却冒着新鲜的热气。狮马路的92号，隐藏着刘洋的神秘乐园。

刘洋是成都著名的建筑设计师。绕过一圈旧围墙，我们看到藏着的那个小花园和一座20世纪60年代的老房子。几年前他四处闲逛，忽然看见了这所青瓦斜屋顶的旧厂房，一见钟情，他把它彻底地改造成了自己的工作室。成都的老房子面临的困境有两个：一是随着时间的腐坏，直接朽摧掉了。"健壮"一点儿的，却面临着拆迁的困境。如今成都这样的老房子越来越少，懂得珍惜老房子的人也不多，这个刘洋眼中"成都最珍贵的财富"就日渐凋零，但是它们所构造的新空间却独特、珍贵，是新房屋无法替代的。

漫步工作室，才真正体会到他在这所老房子中倾注的心力。保留了原来的墙砖，地板，超高的挑顶和红砖、木窗让空间通风凉快，它们带着一种特有的沧桑感，和工作室内那些现代的、艺术的、设计的装饰品一起，组成了妙趣横生的，又随性又舒服的工作室。

▶ 竹芝书吧所在的位置原本是一所小学,环境幽静。经刘洋和他的建筑团队改造之后,现在变成了一座书吧,可以淘到各种珍贵罕见的建筑书籍。也有建筑类的讲座和活动在这儿举办。这里还保留有旧操场以及许多高大茂盛的梧桐树。

小关庙周边
保存完好的老街

刘洋和翟頔从一条老街穿出,带领我们寻找更多的老街。就在工作室不远的小关庙一带,大量的青瓦木楼,二层阁楼周边长满青草,生活气息浓厚。小关庙得名,缘于清朝这条街上修过一座祭奠关羽义子关平的寺庙。成都有几十个以寺庙为名的街道,现在庙街俱在的没超过5个。小关庙是其中保存完好之一。

小关庙和狮子巷交汇的路口,是一排羊肉汤店的招牌,这里也是成都有名的羊肉"第一街"。从20世纪90年代初第一家在此扎根的羊肉店开始,这里的羊肉店已经持续经营了20年左右。现在旧房改造拆迁,许多羊肉店已经搬离这里。

西珠市街
川西老民居

开车一路漫游,来到附近的文殊坊坐下喝茶。对古建筑深有研究的刘洋,最爱逛文殊坊旁的一条古街——西珠市街。街上有保存完好、古老原始的川西传统民居。川西民居是穿斗式结构,下面做着买卖,上面还住着人。对刘洋来说,每次微旅行就是一次老房子实地调查。"这种老房子没经过自然进化,国外很多旧房子会经过多次改造,可我们经常直接推翻旧的建新的。这是一种文化断裂。"

西珠市街的两旁,有喝盖碗茶的露天茶馆,有简单的餐馆,有不起眼的杂货店,有朴实的诊所。这些都是在老成都生活的真实味道。

▲ 开着一辆便行的车穿梭在老街市和小巷子,寻找成都的建筑之美。从文殊坊旁边的"西珠市街"看保存完好的川西民居,去双眼井觅旧。老建筑即是老成都,老生活。

MINI TRAVEL | CHENGDU

▲ 在成都，最让人牵肠挂肚的必定是美食。大街小巷上能轻易找到布满红油鲜辣作料的小吃，甜水面、钟水饺、龙抄手、担担面、三大炮、叶儿粑、钵钵鸡、夫妻肺片、麻婆豆腐、肥肠粉、酸辣豆花……从蒸煮烘烤到油酥油炸，光是小吃种类就不下200种。四川人善用花椒，青红间杂，颜色鲜艳欲滴。口味麻辣兼备，令人食欲大增。

MINI TIPS

明婷饭店

许多人慕名而去这家名声极大的饭店，它被那些喜欢在民间小巷内寻觅绝妙好食的好吃客们誉为"成都最牛的苍蝇馆子"。还曾上过英国BBC纪录片《发现中国：美食之旅成都篇》，如今在金牛区外曹家巷26号附6号（四方茶楼旁），豆腐脑花、荷叶酱肉、炖香鱼和香葱腰花是必点菜。

明婷饭店

小馆子，大明星

明婷饭店是小馆子中的大明星，也是成都最有名的苍蝇馆子。翟頔就在文章中写道："大家口口相传，心照不宣。'明婷'就是这样的店，食客们只要提起它，就像对上了暗号，知道情趣相同、爱走偏锋。"这家馆子很难找，以前印厂在嘈杂喧哗又凌乱的农贸市场中，需要拐进昏天暗地的小巷，才看见低调的手写木板招牌。如今搬迁到了靠近马鞍南路的外曹家巷，火热程度不变，整天都是慕名而来的游客和当地饕餮客。

苍蝇馆子们统一的特点都是这样：环境简陋，馆子极小，不要奢望有高级餐厅的餐具和服务，但是"食物非常好吃"这一点已经力战群雄，并甩掉华而不实的餐厅好几条街了。两位美食家评价这里：不是传统川菜，是革新菜，并且是完全靠自己的手和经验革新的，不抄不学，不靠大把味精撑门面，是带着点泥巴土味的川菜，走的是野路子。

▲ 宽窄巷子是"最成都"的。一条几百米的巷子，几乎把所有对成都生活的向往和浓缩都放了进来。巷子里还有一处旧的建筑：恺庐，是少有的几个能保存下来的旧貌之一。"恺庐"的意思是"快乐自在的居住地"，现在已经开成了一个朴旧茶社。

宽窄巷子
就着担担面喝杯大碗茶

宽窄巷子由井巷子、窄巷子和宽巷子平行排列组成。始建于清朝，是成都33条清朝兵丁巷子中仅存的3条完整的小巷。宽窄巷子的英文被译作China's Lane，它来自美国《时代》周刊里的一句话：Chengdu，China's China。这里既有老成都人喜欢的茶馆、老菜馆、老门头，蜀绣等最为市井的民间文化，又有年轻人喜欢的现代化餐厅、酒吧、小店。

宽窄巷子与其他的城市风情街不同点在于，不只是游人，很多成都本地人也爱来这里转悠。古朴的巷子有宽有窄，两边是繁盛的绿植和茂密的大梧桐树，灿烂的三角梅。四川盆地终年阴郁，见着阳光的时候太少。因此在老茶馆晒太阳就成了奢侈的享受。就着一碗正宗的麻辣担担面，喝个下午茶，简直是快哉！若是早晨过来，老街里人不多，星巴克和商业店还没开门，栽花种草的小院落里传来鸟鸣之声，静谧的街道带给人完全不同的感受。

马克
成都资深室内设计师，视觉系吃货

关于吃还有这些：小通巷里朵朵咖啡馆和4号工厂适合绵软的下午茶。开车往市中心走，王府井购物中心侧面7天酒店入口的巷子，进去第一家餐厅的过水鱼绝对是经久不衰，比起传说中的明婷，是更为地道的传统川菜。

MINI TRAVEL | CHENGDU

▲ 到了茶馆，才真正地融入了地道的"成都时间"。茶文化在成都已经被演变成"茶馆文化"，有谚语说四川"头上晴天少，眼前茶馆多"。就是指成都有太阳的日子不多，但是街上的茶馆鳞次栉比。既有大家摆龙门阵喝的大碗茶，也有茶室里静品细酌的精品茶香。

古今茶语

修园而不造园

窄巷子20号，原本是一座拥有两个天井的川西全木结构的老院子，现在变成了古今茶语的茶室。回忆起最初接手的时候，店主还感慨：当时整个院子很旧很杂乱，布局也不合理。有人建议彻底拆除。然而思量再三，他们还是决定"修园"而不"造园"。最终在这老房子上完善了这座茶室，保留老房子的味道和气质，用自然的方式营建了一个山野般朴素的空间。有琴声伴奏，有书可阅读，有温润的茶汤入胃，这才是奢侈的时间和慢生活。

古今茶语走精品茶路线。茶馆主人一直在峨眉山区种植有机茶，并以此创立了品牌。这里经常会有茶道交流、茶艺表演、古琴演奏之类的活动，从视觉到茶味都给人很统一，很安逸的感觉。园子宽阔，可以晒太阳，又可以伴着古筝缓缓品茶，适合爱茶喜静的人。

主人说：茶人的修行不止于茶桌，而是践行于生活之中。《茶之书》中有一段对茶道的诠释是："本质上，茶道是一种对'残缺'的崇拜，是在我们都明白不可能完美的生命中，为了成就某种可能的完美，所进行的温柔试探。"

MINI TIPS

有院子的茶馆

"古今茶语"在窄巷子20号，有一个很大很舒服的院落。夏天可纳凉，秋冬可围炉夜话。茶馆主人认为，园子里的设计，设计师做六分，主人一分，还有三分是要留给客人的。因此不要怕空，顺眼的空最美。这里采用了大量天然朴素的材料，比如红砖、枯树、宣纸、油画布，还有竹子，营造了一种自然和野外的氛围。

▶ 银杏树是罕见的树种，有年份的银杏树更加罕见。成都的银杏树名声很大，树多，年份长的银杏树也多，越来越多的人专为看银杏而来。每年11月底到12月初是观赏银杏的最佳时期，可以看见成都的大街小巷上被金黄的银杏落叶铺上了厚厚一层，天然是景。因此又有人把成都称为"银杏城"。

银杏树
最美的银杏树在哪儿看

成都的银杏树很有名，这是蓉城的"市树"，平时茂盛青绿一片不易察觉，一到秋冬，便是满城金黄的时刻。银杏是现存种子植物中最古老的孑遗植物，出现在几亿年前，和它同纲的所有其他植物皆已灭绝，因此它有"活化石"之称。现在活着并上百岁的银杏树已经非常稀少了。

要看银杏树，先是挑对季节，然后挑好地方。成都这样几个地方是观赏银杏最美之处。最棒的是锦绣街、锦绣巷，街宽不过10米，长不过500米，十分僻静。两边的银杏树却很高大，胸径都在三四十厘米以上，树顶都密密交织撑起了头顶的天空。到了银杏绽放的时间，这条路不允许车辆出入、停放，非常适合行人。

其次是人民公园，公园里空间和环境都很好，其中有一棵特别大的银杏树，枝条下垂到花园的草地上，像一把张开的巨伞。树下有茶桌，可以泡上一杯香茶，品茗观景。不过一定要早晨去最清静，下午都会被广场大妈占领。

MINI TIPS

其他观景点

除了锦绣街、锦绣巷以及人民公园，适合看银杏树的还有百花潭公园、川大校园的玉章路边、青羊宫和锦里，电子科技大学里长达半公里的银杏大道、府河桥畔的银杏园等。再远一点，还有成都北郊的天回镇银杏园。

MINI TRAVEL | CHENGDU

▲ 会客厅天顶是独特的透明天幕，你可以看到阳光如何通过这些优美造型的弧线形玻璃穹顶照射下来，从舒缓的早午餐到悠闲的下午茶，再到晚间魅影摇曳的轻酒廊，每一刻光线都不同。

钓鱼台精品酒店
走进活的历史

走在宽窄巷子里，稍不留神就可能会错过"钓鱼台精品"酒店。酒店的门面设计与巷子的建筑风格非常统一。选址在由三条清朝时代的古老街道构成的宽窄巷子上，在这个成都标志性的景观街上，茶香味和老成都的生活气息十足，无疑是选择了一部"活的历史"。

法式设计的东方庭院

这家全球首家钓鱼台精品酒店包含了两座巨大的中式庭院，和45间设计感很强的东方客房，里面还有4间餐厅酒廊。酒店由法国顶尖设计师Bruno Moinard主持设计，这位世界级的设计大师荣获过法国军团骑士勋章。他曾主持设计过全球卡地亚品牌店。

在钓鱼台精品酒店上，他保留了灰砖、粉墙、石板路和它们传达的珍贵信息，沿用了这里的传统街道尺度。进入酒店，会诧异他对光线、质感和空间的精妙运用。强烈气场的东方特质庭院，加上法国设计元素的介入，给人一种冲突和平衡的深刻印象。

从鸟笼门厅到竹影摇曳

门厅很有意思，古老的砖石砌成了一个鸟笼般的入口，这大概是从老成都人大清早手里拎着的鸟笼转换过来的文化符号。进入大堂，对面的大壁炉里炉火正在生动地跳跃。四周是书橱。如同一个赶路的人敲开了一家欧洲的城堡，里面是笑脸相迎的热情。酒店中对竹子的运用最为惊艳：在"窄苑"客房区的大堂空间中，设计师用竹影汇集成一个巨大的"风铃"从高空悬降至地面，灯光照射下来，影子带来武侠中的梦幻。

MINI TIPS

可以品尝"国宴"的酒店

听到钓鱼台，大多数人感觉都是神秘的。其国宴的水准成为一种高格调的象征。钓鱼台精品酒店里，"国宴"成为一大特色。酒店从北京钓鱼台国宾馆请来了高超的厨师团队，他们把服务于国内外贵宾的严苛要求，和对食物的处理细节，都原封不动地传承到这家酒店之中。提前预定国宴，咨询每道菜背后的故事也是值得尝试的事情之一。

▲ 木质窗户，雕花图案，内敛又恰到好处的东方韵味很讨人喜欢。大部分的套房从窗户望出去，都能看到全然不同的美景。可能是层层叠叠的青瓦翘角屋檐，可能是带着禅意的文竹；又可能是伸手即可触摸的树枝。尽管在设计上有着超强的统一性，但这里的每间客房都力求不同。不同的景观视野和主题，就像剥开不同口味的糖果，让人打开糖纸的一瞬间满怀欣喜。

MINI TRAVEL | CHENGDU

▲ 小通巷是成都本地人的新兴生活地标，这条不足200米长的巷子里布满了灰色的老式楼房，现在被一些青年旅舍、咖啡店、设计商店占据，构成了这条街的文艺气质。

马克
成都资深室内设计师，视觉系吃货

成都的"旧"有种闲适的不动声色，设计师喜欢将"设计"装在旧城的肌理中。小通巷的各色店面算是其一。通往春熙路的人行天桥上新造了一条室内的小吃古街可以一去，随游随吃，还有戏台演绎。还有锐钯街88号的崇德里，酒店、私房菜、画廊，以及新旧建筑的结合，格调古朴又清新，有种大隐隐于市的惬意。

小通巷
保温瓶厂改建的青年旅舍

小通巷与宽巷子仅隔一两条街，却没有宽窄巷子那么多游人，是成都本地人的新兴生活地标。这条不足200米长的巷子，也是成都慢生活的一个典范。灰色的老式楼房构成了这条街最主要的底色。有洋气的设计店和咖啡店，又有五金铺和干杂店，大大的院子供游人喝茶休息，有高大而茂密的树遮荫，街景有点儿像厦门。

小通巷的标志性建筑是"四号工厂"，原来是成都保温瓶厂的旧址，在这个基础上改建而成了LOFT式的国际青年旅店，集合了许多设计师的智慧，一个70年代的工厂最终变成了完全不一样风格的旅店，大量中外背包客聚集于此。

那些朴素好听的街道名

刘洋和翟頔最喜欢这些尺度宜人、树木茂盛、房子纯朴的小街道。在奎星楼街的麦塔立薄饼馆吃块薄饼，在小通巷的汝果小酒馆尝一下私家菜……这些胡同式的原始街道格局，是以前自发形成的街巷生活，从以前保留到现在。

MINI TIPS

成都规模最大的天主教堂

天府广场是成都的中心坐标，它原本是成都的皇城，现在是成都最重要的广场之一。这里适合早晨来，很有怀旧的气息。旁边不远处，有一座成都建造规模最大的教堂——西华门街平安桥天主堂。这是刘洋很推崇的教堂建筑，整体采用砖木结构，斜坡顶，西式风格与中式院落布局合璧。这座教堂已经建成一百多年，几经修复，雄伟神圣。

▲ 华西医学中心的建筑楼大多是中西合璧的式样，既有中国传统的青砖黑瓦、雕梁画栋、飞禽走兽，又融入西式风格的楼基、墙柱、门窗等，已经成为成都老建筑中的经典。

小通巷、奎星楼街、泡桐树街，是刘洋和翟頔最喜欢的三条自发成长的小街，他们感慨：名字多好听啊。"生活在成都的先人，是朴素而浪漫的人，为街道起好听的名字，他们在梨花街上买书，在青石桥买菜，在书院街上班，小通巷喝茶。"而提起现在成都的新地名，实在是了无生趣。航空路、曼哈顿、兰桂坊……它们透露了这个时代的人对待原生文化的态度和毫无诗意的性格。

四川大学华西医学中心
老建筑保护最好之地

刘洋将我们带到四川大学的华西医学中心，这是他认为成都老建筑保护得最好的地方。这里原名是华西医科大学，种满郁葱葱的梧桐树的宁静校园里，有很多幢中国近代中西合璧的经典建筑。

这些老建筑建于20世纪初，由英国建筑家弗烈特·荣杜易设计。面对这些建筑，眼睛真的一亮，美的东西任何时候都能够跳脱出来。这些建筑具有东、西方和谐与统一的美感，在整个中国建筑史上，也是珍贵的一朵奇葩。作为建筑设计师，刘洋对成都旧建筑的关注，并不是简单的审美和怀旧，也是通过它们来探索未来城市的形式感和合理性。他喜欢一个法国人提出来的"在城市上建造城市"的理念。"对于一个伟大的、有历史的城市来讲，每一次的建设都是在以前的基础上完成的，而不是一个完全崭新的东西"。

MINI TIPS

清朝建立的邮电局

繁华的市中心，高楼林立的背后，暑袜街有着成都第一个设立的国家邮电局。这个老邮局历史很长，早在清光绪二十七年，就由加拿大建筑师莫理逊和叶溶清负责设计了。如今依然保留着原始的风貌，并且身在闹市之后，实在难得。更难得的是它现在仍在营业。如今很多人来这里并不是为了寄东西，而是来看邮局。

MINI TRAVEL | CHENGDU

▲ 来福士广场的巴国布衣餐厅。在传统川菜的基础上加以改良，既保持传统味觉又有新鲜的视觉搭配。这里最精彩的活动莫过于晚间用餐时候能看到有趣的变脸表演。

巴国布衣餐厅
改良版新派川菜

午饭，两人驱车来到来福士广场，新派川菜"巴国布衣"的来福士店，就在广场三层的水景喷泉旁。

传统的川菜以麻、辣、鲜、香为主要特色，"巴国布衣"的新派川菜则吸纳了全国各地的特色菜系，与川菜融合。一部分是传统川菜的浓郁，一部分是改良后推陈出新的菜式，别有新意。翟頔喜欢吃的"趴趴肉"，据说是厨师们去自贡当地农家学习的特有食材和制作方法；受到好评的"藿香泡菜鱼"，则是用浙江千岛湖的生态大鲫鱼做的；最著名也最难做的一道菜是"开水白菜"，要用小火温火煮8个小时。在用心的基础上博采众长，即使是在成都这个美食店林立，竞争激烈的环境中，也可以脱颖而出。

白药厂
以前曾叫"弹药厂"

如果不是一个特别懂建筑的人带路，我们绝对想不到去那么多好的、冷门的旅行地。城南东湖附近的府河西岸，有一处名为"白药厂"的地方，刘洋和翟頔以前住那里，有很多中西合璧风格的老仓库、老房子。这里不是城市的观光热点，对他们俩而言，却是心头好和一个秘密花园。

白药厂又名"弹药厂"，以前专门生产白药，以供枪弹厂使用。建于清光绪三十二年（1906年），是一个德国建筑师设计的。砖木结构，建造得非常坚固，整个工厂非常注重建筑的细部处理。

MINI TIPS

隐藏在城南的秘密

白药厂内如今还保留着多处当年高大的厂房车间，青砖青瓦，拱形造型的门窗，窗户狭长，窗台均用红砂石砌成，但风化很严重，许多都有些脱落。还有这样一栋被爬山虎占领的房子。看起来太有气势。植物眷顾有年代感的事物，因此生长得茂盛坦荡。让人想起南京大学鼓楼校区同样被爬山虎围得密实的教学楼。

▲ 黄龙溪是有名的水镇，水在这里扮演了重要的角色。刚建成不久的黄龙溪廊桥横跨了锦江，全长约368米。这里分三段，雕刻着不同主题的画卷，再现了古代的繁荣盛世。

黄龙溪
四川最美古镇

黄龙溪是目前川西保存最为完整，最具代表性的古镇，是古代商贾繁荣的水陆码头，也被评为中国"十大水乡古镇"之一。"日游千人恭手，夜有万盏明灯"便是描绘当时黄龙溪繁华的景象。

这座有着1700多年历史的古镇和其他城市的古镇不同，不是一味仿古的崭新街道，或者看起来劣质的建筑材料。它拥有真材实料的历史，明清时代的建筑比比皆是。青石板铺就的街面，木柱青瓦的楼阁房舍，镂刻精美的栏杆窗棂……搭配了古香古色的店铺招牌，和奔腾千年的河流，弥漫着一种真实、古朴的氛围。

古镇里弯弯曲曲的石径古道，河边的木质吊脚楼，街道上的茶楼店铺，古庙内的缭绕青烟，无疑看到了一幅百年前四川的民俗生活。黄龙溪到现在还保留着打更这种中国古代的夜间报时制度，足以见得传统在这里保存完善。

古镇中能看到老人们一大清早便会提着鸟笼出来遛鸟；居民们喝着茶，凑一桌麻将就开始打。没有文化的假古镇里必然没有真的美食，反之也成立。黄龙溪里小吃非常丰富，传统味道惹人垂涎。猫猫鱼、灰灰菜、折耳根等等，最出名的是焦皮肘子，很多人慕名而来就为这道菜。

▲ 曾荣获过"四川最美古镇"称号的黄龙溪，有6棵树龄在300年以上的黄角树，还有镇江寺、潮音寺和古龙寺三座古庙，每年农历六月初九和九月初九的庙会，热闹非凡。除了有河流经过，还有小型瀑布景观。

225

▲ 望江公园有两样东西最有名：一是唐代女诗人薛涛的故事，二是碧叶连天的茂林修竹。女诗人薛涛一生爱竹，后人便种植了大量的竹子纪念她。如今这里成为赏竹胜地。公园内除了有名的望江楼，还能看到显眼的"薛涛井"。

刘华
创意策划人，四川人

望江公园就是川大的后花园，耍朋友的，都是一路从九眼桥沿着河边耍到望江公园。九眼桥是个热闹的地方，给外国留学生换钱的碰头点，公交转换枢纽，苍蝇馆子集中地，酒吧夜店。一条河的距离，对面的望江公园却有让时间停止的宁静。

望江公园
因女诗人薛涛而建

民国时期的媒体这样描述望江公园："望江楼为蓉城第一郊外公园，春夏之间，游人如织；白帆归鸦，水天一色，是以薛涛香井、工部草堂、吟诗楼诸胜地。"

东门外九眼桥锦江河畔的望江公园是成都人很喜欢的地方，传说公园内的望江楼是后人为纪念唐代女诗人薛涛而建。薛涛是难得的才女，与她同时代的著名诗人元稹、白居易、杜牧、刘禹锡都对她十分推崇。她自创的写诗小笺也被命名为"薛涛笺"。公园里分为人文景观（需要收门票）和自然景观（竹子观赏，不收门票）。薛涛曾经在这儿的井边取水，因此可以看到公园内保留了醒目的"薛涛井"，以及吟诗楼、清婉室等与她有关的景点。崇丽阁就是望江楼，登楼远眺，一眼可以望尽锦江风景。

竹林之美

竹子本身就是四川的代表植物，望江公园里的竹子品类很多，翠竹夹道，亭台楼阁穿插其中，游走其中非常清凉幽静。除了四川产的各类名竹，还引进有中国南方各省及日本、东南亚一带所产稀有名贵竹子。面竹、佛肚竹、鸡爪竹、实心竹等等。旁边有河，还能看到河边白鹭捕食，鸟儿聚居，声音清脆动听。

3　概念店

Triple-Major

在北京它是"药",在上海它是"墨",在成都,它扮演起了大熊猫"研究所"。相较于其他两家店,成都的Triple-Major更像个顽童。门口逗趣的用跳绳做成大熊猫的"竹林",店内划分出"学习区""游乐区""挥手区""领养区"等。身为概念店,引进了各国成熟的独立设计师品牌,服饰之外,还穿插陈设着优质的国内外独立出版物。颠覆店铺的既定模式,Triple-Majo的时尚源于个性,创意和探索。

4　餐厅

The Living Room

它是藏在成都沸城屋顶的私房西餐厅,门口低调地挂着画有"The Living Room"的小木牌。小屋用大地色系包裹,点缀着色彩跳脱的花卉,胶片做的时钟,水管改成的灯,甚至墙上还有淋浴器做的装置艺术,随处可见主人的巧思。室外的小花园,白天是个透亮的阳光房,傍晚约三五好友共赏夜景再适合不过。The Living Room走的是freestyle,菜单常换常新,你也可以在这举办小型聚会,有法国大厨量身定制的菜单。

MINI TRAVEL | CHENGDU

CHENGDU LABEL | 成都风物

花椒

大熊猫

盖碗茶

炒腊肉

变脸

叶儿粑

麻将

天府花生

诸葛亮

插画 by 郭静

INDEX | 索引

HOTEL

钓鱼台精品酒店
Add：成都市青羊区宽巷子38号
Tel：028-66259999

世纪城天堂洲际大饭店
Add：成都市武侯区世纪城路88号
Tel：4008825398

布衣客栈
Add：成都市武侯区神仙树南路63号(神仙树店)
Tel：028-81238888

四号工厂青年酒店
Add：成都市青羊区同仁路小通巷4号
Tel：028-86265770

望江楼公园
Add：成都市武侯区望江路300号九眼桥锦江南岸
Tel：028-85223389

白药厂
Add：成都市武侯区高攀路26号

黄龙溪古镇
Add：成都市双流县黄龙镇皇金路78号
Tel：028-85696929

平安桥天主堂
Add：成都市青羊区平安桥街29号
Tel：028-86634192

邮电局
Add：成都市锦江区暑袜北一街25号附6号

四川大学华西医学中心
Add：成都市武侯区人民南路三段17号

蜀九香火锅酒楼
Add：成都市锦江区人民南路二段南府街53号（南府店）
Tel：028-82996969

巴国布衣
Add：成都市武侯区人民南路四段3号来福士广场L4楼4002-4003号（来福士店）
Tel：028-69281616

麦塔立薄饼馆
Add：成都市青羊区中同仁路奎星楼街29号
Tel：028-86632322

汝果餐吧
Add：成都市青羊区中同仁路小通巷
Tel：13541288940

The Living Room
Add：成都市武侯区科华北路60路SOHO沸城A座1214
Tel：18081091828

VIEW

刘洋建筑工作室
Add：成都市青羊区狮马路92号

文殊坊
Add：成都市青羊区文殊院大街
Tel：028-86932375

宽窄巷子
Add：成都市青羊区长顺街

FOOD

明婷饭店
Add：成都市金牛区外曹家巷26号附6号
Tel：028-83315978

古今茶语
Add：成都市青羊区宽窄巷子井巷子20号
Tel：028-64055855

SHOP

竹芝书吧
Add：成都市金牛区一环路北二段92号

Triple-Major
Add：成都市锦江区四圣祠南街13号

肆合
Add：成都市锦江区红星路3段10号附5号第一城1层

MINI TRAVEL | SHANGHAI × BEIJING

SHANGHAI × BEIJING
双城寻木

一块木头不像你想象中那样简单。大到营造一个理想的居所，小到一根细致的牙签，对待木头的态度，可能会彻底透露你的品位、观点、情绪、喜好，以及你是一个怎样的人。

"木头的本质是朴实平易的,它几乎是最早与人相伴的物材,数千年里与人相依,享有'清贫之德'。'已识乾坤大,犹怜草木青',不管一个人成就多大的伟业,面对草木,都应该怀抱平实的尊崇和敬意,因为在众多材质中,只有木头,会让人联想到生命,感觉到温度,让人心软,心软是非常重要的事,弘一法师说,修行就是把一个人修柔修软。"

——《GQ》杂志主编卷首语

▲ 木头能够快速地串联起这个人的生活方式和生活氛围。像一剂软化,把家中坚硬的棱角转换成一种和人共通的脾气。

▲ 当你开始留心时会发现木头无处不在,开车经过一条特别的道路,两侧是静默注视的大树,它们串联起你的脚步,便组成了一段旅行。

旅行的主题有很多种，看山、观海、探险、寻秘、以吃为主线、查找民艺、朝拜艺术……当然，这万千分类和喜好中，相信很多人和我们本章节的城市向导一样，喜欢木头。两个城市，北京、上海，对很多人而言已经逛了太多遍。尤其是对驻扎这两个城市的人来讲，仅仅用一天的休息时间旅行，还试图发现激动人心的景观，听起来不切实际。但是当我们试着给自己找一段线索，例如"木头"，作为旅行的珍珠串线，听起来是不是有点新鲜感了？

以木头为索引，我们发现了两个熟悉的城市的盲点。从马路到公园，从郊区的大片绿林到不朽的千年树干，从刨得光滑的家居木凳子到星级酒店中的万能长木桌，当我们把木头这生活中普通的素材搬到舞台上，所到之处，所观之景竟然更换成了全新的视角。走过一条多次走过的路，却第一次认真观看生长于周遭的木头。给自己一天微旅行的时间，发现自己变得更愿意去关心这些细微事物，更关注木头的生老病死，善物善用的一生，而不再是车窗外一闪而过的装饰。

对木头的崇敬之心，难有出日本人右者。日本民艺学者柳宗悦就花费一生的时间，让人们体会那些无意识之下创造的民间工艺之美，与木头有关的工艺成为核心之一。东方的简静寂美就藏在那不善言辞的木头之下。与此相关的美学理论很大程度上启蒙了我们中国当代的一批年轻家居设计师。建筑设计大师安藤忠雄描述了自己童年的经历，最爱去木工厂观看老师傅十年如一日的削木头，记得老师傅说过一句："木头也有个性，所以一定要让它们往好的方向伸展。"木头和工匠之间的默契尽在其中了。

盐野米松在《留住手艺》中采访了大量的木头工艺者，有几个故事令人印象深刻。修筑日式寺庙的匠人，牢记的秘诀之一有：建寺庙时木头的方位要跟它生长的方位相同。也就是说，寺庙大堂中位于东南西北四个方向的木头，应该选用它们在生长时期就以这样关系排列的木头。东边的木头位于东边，南方的木头不要放在北边。并且，所造庙宇需要的树木，应该来自于同一片树林或同样一座山，"否则，它们会因为灵魂不合而吵架"。这当然是一句浪漫的说法，科学的依据在于：从不同地方买来的木材，整日接受到的风的方向和潮湿度不同，日后历经萎缩的程度不一，会让建筑变得难看。你看，一棵树的情绪精微如此，寻找"木头"为命题的旅行当然会变得与众不同。

上海火车站

03 设计共和

Mercato餐厅 07

05 半木

01 璞丽酒店

静安公园

04 新都里无二

中山公园

02 璞素

06 梧桐Platane

CITY GUIDE *of* **SHANGHAI**

Nono

广告设计师，上海通&上海迷。最喜欢上海的马路和中西交混的文化，熟悉一处处上海秘境，对木头的偏爱成为她寻找旅行新坐标的关键词

SHANGHAI   上海一天行程

09:00 早餐	10:00 参观	11:00 游览	12:30 午餐	14:00 参观	18:00 晚餐
璞丽酒店	璞素	设计共和	新都里无二	半木、梧桐树	Mercato餐厅

CITY GUIDE *of* BEIJING

小周
Nono的好朋友，居住北京。工作与航空有关，却爱生长在地的木头。认为北京拥有优于上海的木头之旅，历史就能说明一切

北京一天行程

BEIJING

10:00 参观	12:00 午餐	14:00 参观	17:00 休闲	18:00 晚餐
失物招领	**为人民服务**	**梵几客厅**	**温榆河畔**	**日坛公园小王府**

地图标注：
- 01 失物招领
- 02 为人民服务
- 03 梵几客厅
- 04 温榆河畔
- 05 日坛公园

地图参考地点：京平高速、京藏高速、五环、三环、二环、机场线、朝阳公园、天安门、长安街、北京站、小王府

▲ 横陈璞丽大堂的那张32米长的非洲柚木桌，是Nono喜欢来这儿吃早餐的原因；璞丽酒店对各种木头的运用恰到好处。大堂还摆设有一组榆木柜子，朱红色的漆块脱落，露出里面历经世事的木头。

▲ 如果清晨要去散步，Nono肯定要去静安公园，除了这里长着32棵超过百年的悬铃木，公园南边那株树龄120岁的美丽的银杏树，还有一个重要的原因：走过几步路，和公园一树之隔的是璞丽酒店。

璞丽酒店
上海最美的酒店

Nono认为璞丽是上海最美的酒店，没有之一。即使不需要住宿，Nono也保持着对这家酒店的好奇心和探索欲，她很快就发现，这里的大堂是多么适合她。大面积的黑褐色显露出庄重高端的水准，让人想起中国汉代崇尚的黑色美学。如果以人来形容，他肯定不是二三十岁的小年轻，没有那么多止于表面的风格。颜色深重而节制，即使有其他光线的渗入，也很难干扰他的恒定。所以他应该有40岁，这个年纪刚刚好，成熟自持。

32米非洲柚木桌上的早餐

大清早起床，逛静安公园，闻够了花草木香，走几步路就到了璞丽。横陈大堂的那张32米长的非洲柚木桌，是Nono吃过的餐厅中最棒的餐桌。一头连接了酒店前台，一头充当了大堂的吧台，上方悬挂着一排黑色圆筒状的吊灯，灯光射下来在光滑的木质桌面组合成重叠的几何图案，却不硬朗，被木头吸收了一层，变得柔和妥帖。一边用餐一边观赏这里关于木头的搭配，目光向上，窗户挂着一片薄而细密的卷帘，灰黑色系的细木条构成了质感独特的屏障。影影绰绰，光线被削弱了强度，只剩下明朗。

▲ "璞素"名字来源于《庄子·天道篇》中的"朴素,而天下莫能与之争美"。而用"璞"代替"朴",是为了强调它质朴简单,未经雕饰,同时返璞归真的含义。

璞丽大堂另一处摆设的榆木柜子,朱红色的漆块脱落,像老上海大户人家里的旧式用具。榆木花纹美丽,结构粗放,但干燥性差,容易开裂翘曲。尽管如此,很多人还是喜欢榆木,它家常,容易靠近,使用过的痕迹最终会留存下来,转换成一种缺憾的美。

璞素
文人的家居店

穿过常熟路的弄堂,Nono把我们带进了陈燕飞创立的璞素家居店。这家店所在的地址,曾经是汉光瓷的旧址,几经周折,最后易主成为璞素家居店。走进褐色木门,一股"文人"风扑面而来。设计师把精力用在创新与重新设计传统家居上了,看上去是明代的圈椅、书桌、长榻,却加上了现代家具的功能,进行了改良创新。

展厅中大面积的木地板让人过目难忘。璞素天地系列的天地圈椅和四方书桌吸引了Nono的目光。两者木料都采用了江南榉木,木质细腻,纹理似山水画线条。创始人陈燕飞研究中国明式家具很长时间,收藏过大量古董椅子,他希望设计出当代中国的文人家具。他喜好书法,熟练颜体、隶书。都说字如其人,书法的感知力渗透进了家具中,最终木如其人,离"文人的家具"更近了一步。

▲ 这张桌子的桌面从清代建筑的老铁力木门板拆下,经过重新设计,架上铁质桌腿而成。它陪主人谈生意、接受采访以及和朋友喝茶聊天。日本的茶艺师来了,坐这儿,街道办的阿姨来收水电煤气费,也坐这儿。

▲ 设计共和在上海江宁路的新据点"公社",是由一座殖民地时期警察局的老建筑改造而来,设计团队去除了这栋建筑本身腐烂的木头和石膏,恢复并保留了充满活力的红砖部分。这里陈列着来自世界各地最好的设计。

▲ "设计共和"新的旗舰店安居在曾经的警察总署遗址,经过"整形"变成如今焕然一新的设计公社。除了保持有现代化的家具零售,还有一间设计画廊、一个活动空间、一间咖啡厅,一家由米其林星级厨师主厨的餐厅和一间卧室的设计共和公寓。建筑由如恩设计研究室操刀,整体游览下来非常酷。

设计共和
一场关于设计的讨论

从南京西路向北的江宁路上,有一座由20世纪初英国人建造的警察总署遗迹,如今被纳入了上海被保护建筑的名单中。清水红砖的外墙,严肃又认真的一栋房子,设计共和旗舰店就在这里。由建筑设计师胡如珊和郭锡恩创建的设计共和会聚了世界顶级设计师的家居作品,是一个很酷很有态度的展示厅。除了看到各种先锋的家居设计作品,里面也能看到关于中国美学何去何从的探讨。

很久之前看过建筑设计师胡如珊的一篇采访,有一段印象深刻:他们花了五年时间寻一座老房子当自己的家。未果,就在不得不提着定金去交易中心买下新房的时候,她忽然在那里停下来对丈夫说:"这不是我们这种人应该干的事情。"于是回来,继续找,最终找到了一条静谧小路上的老宅。

舍得"花一个下午去很远的地方吃一样东西"和舍得花五年时间选老宅子的人,让人相信"设计共和"存在的每一件东西,都有它们的理由。木头有木头的章法,胡桃木椅子、橡木桌子,物品和家具

◀ 开放式的厨房让人可以全程观看到厨师的烹饪过程，也看到了他们对于细节的精求。这如同一种交接食物的仪式，让人不得不恭敬。

Carmen
自由译者
荷兰MVRDV建筑规划事务所PR

我先后去过设计共和两家店，余庆路店以两位创始人各地收集的设计商品为主，我就是在这家店买下Singgih Kartono的木制收音机的。江宁路旗舰店的设计更有意思，山一座全玻璃橱窗的透明"盒子"和身后一座改造后的上海老建筑接合而成。我更喜欢老房的部分，共有三层，空间上更多变，以Neri&Hu自由的设计品牌为主。

的形体之美都在设计中达到了匀称。设计不过是适应它们的脾气，为它们挑选出了主人，再用精简的眼光剔除掉了枝干，最终保留下了个性迥异的物件。

新都里无二
极简之简，独一无二

竹一、无二、砚三、龙四、泉五、穹六、萤七，是台湾餐饮名家"新都里"经营的七家餐厅，其中四家在台湾，三家在上海。中午，Nono带我们进入了无二。无二隐秘在巨鹿路上的弄堂内，一小片孟宗竹林的尽头就是无二的大门，餐厅名字就刻在一块汉白玉上。清水模建筑形式，直接用水泥糊墙面与地面，没有特别的修饰，和灯光一起，营造出极简的风格。外观以空无一物的水泥为基调，名为"无二"，也有"极简之简，独一无二"的意思。

无二店里仅有三种颜色：灰色的建筑本体、黑色的木头桌子与白色的大厨衣饰。严谨的成分甚至让人想起Maison Martin Margiela有名的工装。服务员熟练地将送上的鹅肝切成等份，这个过程有一种仪式感，动作和细节让Nono想起了纳达尔，他比赛的时候，每次喝完水，水瓶的标签都要对着他在场上的那个方向。完全开放式的厨房成为顶级餐厅应该有的标准配置之一，就像给了厨师一个拥有观众的舞台。在这个舞台上，每一个动作都是带着精心与谨慎和对职业的敬畏。相应地，人均四五百的价位也颇高。摇滚色拉、咖喱素面、奶油墨鱼、抹茶提拉米苏等创新菜式很受人欢迎。

▲ 巨鹿路上营造了一小片竹林，高耸的空墙，没有门牌，它的入口是一条窄窄的小道，两侧是鹅卵石，走在上面让人想起隐士与禅宗。

▲ 一些微型的家具模型用尼龙细线悬在空中，影子与物体本身的反差制造出层层幻觉，完全是一次艺术展览般的体验。

Carmen
自由译者
荷兰MVRDV建筑规划事务所PR

半木的设计低调优雅，用色和材料灵活但不嘈杂，从摆件到家具，身处其中，感官上并不觉得被拉扯，让人容易专注。

半木
进入戏剧空间

开车从新都里无二前往苏州河畔，会路过一片市井之地。就像导演娄烨在电影《苏州河》里描述的那样，琐碎的市井同时孕育着贫困和希望。摆满菜摊的狭窄小马路过后，转入有130多年历史的纺织作坊改建而成的创意园区，另一个原创品牌的展示厅就隐藏在其中：半木。

从进入半木明舍黝黑的铁门开始，好似进入了一个空无一人，却打着灯光的话剧舞台。梦境似的帷幕让一切都归于沉静，一些微型的家具模型用尼龙细线悬在空中，影子与物体本身的反差制造出层层幻觉，完全是一次艺术展览般的体验。

舍满取半的木头哲学

取名之初，设计师吕永中就想用一个简单的词语来形容一个包含多种想象的空间。"半"是相对于"满"而言，舍满取半有种以退为进的意思。吕永中喜好用木，在他眼里木头谦逊诚实，代表了东方文化。只有木头，才能让每一件家具抵达他心目中的"中国本

▲ "半木"的家居设计初看造型都很普通，但是细节却很精彩，就像这张椅子，扶手处的木头时圆时扁，把复杂的制作工艺隐藏在了调皮的外表之下。

质"：一面空灵写意，一面功能扎实。他希望建造一个生活的美学跟居住的空间，从家居、建筑、室内，都是一体的。

独立的生命体

"半木有一种偏执的温和气质。初见不觉，久看却让人动容。这往往令我们自己都惊觉，仿佛它在这诞生的时间里，已经成长为一个独立的生命体，而不再仅是一个品牌，或一个简单的家具陈列厅。又或者说，半木在与我们的日日相处中，已在我们与它之间构建起一个完整缜密的气场，它一面温和地馈赠我们充满线条之美的家具物什；另一面，却又犀利地表达着自己的美学态度，哪怕只是以沉默的方式。"这是吕永中某一天回过头来看到的半木，无须多言，尽在其中。

"半木"曾出品一本产品小册，名字叫《闷骚小集》，里面藏着一些令人忍俊不禁的段子，虽是写着玩儿，却有值得玩味的设计思路和观点。

▲ 设计师眼里，木头谦逊诚实，代表了东方文化的某种东西，既空灵又实在。

243

MINI TRAVEL | SHANGHAI × BEIJING

▲ 武康路被誉为"浓缩了上海近代百年历史"的"名人路"，两边是历史悠久的建筑，好看的梧桐树也为这条路增添了不少风情。

MINI TIPS

Platane 梧桐

Platane的店主是个法国人，同时也是十足的细腻派生活家，她奔走在世界各地的家居展，为店里挑选物品的标准是，她自己会掏钱买来用的东西。因此这家店的商品不是泛泛的工艺品，每一件都有与众不同的味道在里面。

武康路
梧桐如盖

武康路是上海最有风情的路之一。这条洋溢着浓浓老上海法租界风情的街道，身处上海最繁华之地却保持着独有的优雅和宁静。从围墙和树荫间隐隐露出的老房子，像位年老的绅士，谦逊温和却又气度不凡。

两侧的梧桐树如盖。梧桐是最能让一个城市变得浪漫和风情的树种。除了上海，印象中还有巴黎、南京，宽阔的街道在它们的存在中变得古朴又文艺。下起雨来，又是另一番景致。一座座老洋房老公寓就掩映在梧桐树间，漫步武康路，有时会感觉在看一幅流动的油画。376这个数字提醒人们这里是改造后的武康庭。红砖老洋房是民国外交官的宅邸，后面的楼宇是原上海仪表局的办公楼。

就是在这样梧桐大道的氛围里，还隐藏着一家时髦又个性的家居店，名字就叫"梧桐"，Platane。今天接连看了三个国内原创家具设计品牌，Nono建议换个口味，这一家瞬间清新了许多。逛完Platane朝前走，在武康庭Rosa Gallica花店带上一小束雏菊继续微旅行，车内一下子充满了欧洲的某种味道；Nono想起在德国小镇Garmisch Partenkirchen的山间徒步时，初夏盛开的雏菊也是这种味道，让她喜悦了一整天。

▶ 餐厅的地板、墙壁、天顶都使用了旧木板，色彩上极度统一。配搭了清晰分明的钢结构和质感强烈的砖块、混凝土、石膏板，形成了鲜明的风格，并让建筑回归到一种纯粹的美感。而这里所有桌椅、地板都是上海农场、工业区及外滩三号在装修过程中所拆卸废材改造而成的。

Mercato
世界一流的设计餐厅

一天之行最后一站，需要一顿隆重的晚餐。Nono精心挑选了在外滩三号6楼的Mercato意式餐厅，她有很充足的理由：除了想领略米其林三星名厨的美食之外，更重要的是希望以另一个对木头的运用达到极致的地方，来结束今天的寻木之旅。

在Nono眼中，Mercato餐厅是她眼中的最高水准，"这里的设计绝对是世界一流的"。它的背后是如恩设计，也是设计共和的创始人。餐厅的地板、墙壁、天顶都使用了旧木板，色彩上极度统一。配搭了清晰分明的钢结构和质感强烈的砖块、混凝土、石膏板，形成了鲜明的风格，并让建筑回归到一种纯粹的美感。而这里所有桌椅、地板都是上海农场、工业区及外滩三号在装修过程中所拆卸废材改造而成的。

好的食物让人"怦怦"心跳

温海鲜沙拉、牛油果、柠檬和荷兰芹把我们从发散思维中拉回，也正式开启了这顿Mercato的美食序幕。光是看外形，就足以用"美艳"来形容这一切。好的食物，是会让人感受到"怦怦"心跳的，此时在场的各位就是这样的感觉。精致的意式龙虾饺子，味道口感和中国的饺子完全不一样。配以橄榄油、柠檬和香料，龙虾肉的弹性和鲜美刺激着味蕾。无边匹萨，拥有恰到好处的焦脆度和美味精致的饼面装点。回味了一天的寻木之旅，在这里打开胃，体会竟比平时里更美好。

Nono
广告设计师

在我眼里，没有任何建筑能像外滩的万国建筑群一样，在经历了风雨后，开始与创意和奢华交错，成为一个凝聚艺术、文化、美食、时尚的神奇地方。与北京的前门大街改造相比，外滩无疑是极其成功的。

MINI TIPS

观景黄浦江

Mercato的顶楼上有另一家餐厅，设计也是自"如恩设计"之手。能够观景黄浦江，是最大的特点。"如恩设计"中，旧物利用是主旋律，这一点上可以参照本书"上海混搭"章节中的水舍酒店，建筑设计师张弘领我们去过那里，他们把老房子、老物件的保存和利用发挥到了极致。

▲ 对木头的偏爱，贯穿了创始人很多段创业经历。他们也是雕刻时光咖啡连锁店最初的创办者。开办第一间咖啡店时，尽管手头拮据，还是用大部分资金打造了一个实木屋顶。把钱花在了这些"看不见"的地方。

易洪波
"夏木"面料创办人

失物招领的老店还是杂货铺的感觉，新店是一个画廊和综合空间，落实了一种生活美学的概念。你也能看到创办人李若帆的变化，咖啡换成了茶，从一个受西方影响的状态逐渐变得更加东方，投入到了整个生活形态的美学建立中来。

▲ 这张桌子背后是主店中最好的设计之一：庭中天井。玻璃隔开四周，中间是绿色的植被和热带草木，它们像微型的植物园。

失物招领

北京最美的一条街

国子监的地理位置、马路的宽窄、贯穿始终的大树，还有路边的孔庙，这些元素构成了这条北京最美街道的基本骨架，如今越来越多有意思的品牌店和个性空间，则充实了国子监的血和肉。国子监这条街与其他街最大的不同在于它的大气宽阔，格局方正。沿街能看到很多老宅，沿用了以前的木门和雕花，两侧的古树生长已久，带着厚重的时间气息。

似是故人来

第一站，小周直接带我们去了失物招领。一条街上，有两家失物招领的店面，售卖的东西各有侧重。2007年由一个包子铺和一个鸡翅店改造而来的老店，主要卖小批量的衣服和日用杂物，兼卖家具，以木和皮为主要材料。门前是大玻璃窗户，四周包以上好的木料，屋檐也都用厚厚的木头打造。另一间主店，则更加侧重于空间、茶艺、更高档次的民艺作品展示。拥有天井和二楼简洁的待客厅。这里展示的茶具大多来自日本手作，不乏名人大家的作品。

▲ 失物招领的家具手册上，有这样一段文字：家的样子，有很大一部分是由家具营造的。家具不单单只是日常之用具，也体现主人的格调与德行。在日本，据说也有人买了新的家具或器物回家，会恭恭敬敬地对它们说："从今以后，就拜托您了。"

失物招领的家具乍一眼看上去，有一种"似是故人来"的感受。这些造型都来源于我们记忆中的真实生活，90年代四平八稳的沙发椅，80年代的大长桌。这些都是设计团队根据人们历史记忆中的美学影子，重新设计的。细节结构都做了调整，复古却不老成。失物招领也非常讲究木料的选择，大多偏爱柚木、楸木和胡桃木这几种适合北方气候和环境的木材。在寒冷、干燥和高温的氛围中，它们还能够保持不变形。

为人民服务
树荫下的午餐

"为人民服务"是一家泰国菜餐厅，在三里屯的使馆区里开了挺长时间。这儿的街道是北京最值得逛的几个地方之一，绿树成荫的马路，车辆往来不多，植物输送来大量的氧气，每一栋建筑物都有它的风格。"为人民服务"餐厅的门口，是长长的彩色外墙，一排高大的梧桐、白杨，木制桌椅，绿色的阳伞。餐桌摆在户外老树的树荫之中，一边用餐一边观看这个城市里罕见难得的大树林和悠闲喝咖啡的人们，仿佛暂时抽离了日常生活，进入了某个异域小巷。

MINI TIPS

为人民服务

没有印象中泰国菜那么繁复的泰式装潢，食物不赖，服务不错，最大的亮点是所在的环境。徐静蕾曾经特别推荐过。旁边是西班牙大使馆，周边一条街还有金谷仓、Peter Pan等餐厅供选择。

MINI TRAVEL | SHANGHAI × BEIJING

▲ 整个展厅既塑造了强烈的风格，又有温和细腻的细节。《韩熙载夜宴图》被梵几的女主人重新创作，家具偷换成了梵几产品，普通人却看不出来。即使是展示台上小小的花架，制作也非常精细，工艺要求颇高。不仅仅是家具，梵几更在营造着一种诗意的生活美学和生活态度。他告诉同时代焦虑在城市中的人们，居于旷野，与高山大树的自然为伴，并且拥有高品质的生活并非难事。

▲ 这间卧室的地板，是从老房子拆下来的旧地板回收的，古奇高为陈可辛导演设计的工作室也使用了这种手法。节约资源和材料的同时，也保留了一种"使用过的痕迹"。

梵几

生长于野，安于室

小周特意安排了一下午，去到五环以外的温榆河边，找一家名叫"梵几"的设计师家具品牌展厅。在选址这件决定店面生死的问题上，可以看到梵几的勇气，他们不在家具卖场，不在胡同里，不在798，却在远离市区，前后没有任何相关商业聚集的温榆河边。看看他们的宣传短片就知道原因了。大片的树林随风滚动，发出震撼的沙沙声；这里有羊群出没，刺猬来探访。这里有狗和猫，有大院子可以喝咖啡。"生长于野，安于室"这是梵几最核心的精神，如果没有在野外奔跑过，怎么可以知道自己想要的家并安定下来？

梵几背后的那个人

要了解一个品牌，当然要首先了解它背后的那个人。设计师古奇高，搬过二十几次家，做过设计公司职员和无业青年，开过咖啡馆，做过室内设计。到厦门旅行时，突发奇想开了一家咖啡馆。为了这家咖啡馆，他自己设计家具。咖啡馆没有存活下来，作为配件的家具却"无心插柳柳成荫"。逐渐有人请他做室内设计和家具设计，后来，他干脆关掉了咖啡馆，移居北京，创办了梵几。短短几年时间，"梵几客厅"被各大杂志报道。不仅是家具，梵几更在营造着一种诗意的生活美学和生活态度。

木头的微妙

梵几客厅风格十足，在角落里还有一个开放的厨房。实木是设计师偏爱的材质，梵几目前出品的所有家具都是全实木的，包括柜子的背板和抽屉底板这些从外面看不见的部分。"实木家具与人之间能形成一种长期的情感关系，不同木料的花纹千差万别，本身就是一幅天然的图画，随着你的使用，而每一年实木家具的色泽和触感都在变化，非常微妙。" 木制的家具经得起岁月的磨练，它不会因为老旧而失色，反而会越用越美，越用越灵透。这是其他材料所不具备的美感。

MINI TIPS

温榆河路上

温榆河畔的蝉鸣清脆而充满韵律，浓荫遮天的古树把各种新兴的工作室隐在如世外般的田间。

▲ 红墙绿瓦古树，方方正正的格局透露出威仪感。与天坛、地坛、月坛合为四坛的日坛公园，均与古代皇室敬天祭神有关。视野开阔，建筑古典，一层一层透露景深，隐藏着不为人知的秘境。

吴丽玮
《三联生活周刊》记者

日坛公园是名副其实的闹中取静，为此可以忍受那段凌乱的雅宝路。夜里来这儿虽然进不了祭坛，但从院墙外可以眺望到国贸三期的顶层灯光，仅仅是这一栋而已。滤去了其他杂乱的楼层和场景，让人想到了东京。和吃饭相比，坐在小王府的屋顶其实更适合看天黑，看夜色从树林的缝隙里悄悄地蒙上头顶。暗下来后只剩下两种声音，一种是轻灵的鸟鸣声，一种是杯盘轻微碰撞的声音。

日坛公园
CBD中看古树

如果只看角落，会让人觉得自己正在京都的某个庭院里，实际上，这是日坛公园的门口。日坛公园是北京城里最美的几个公园之一，却也是最容易被忽视的秘境。身在闹市之中，对面就是热闹的秀水街，很少人知道这个闹中取静的去处。

日坛有难得一见的几百年古树，最老的一棵是九龙柏树，有1100多年历史。从北宋活到了今天，九条枝干遒劲有力，如苍龙一样盘旋，由此得名。走到树下，能感受到非同寻常的震撼。整体布局是端庄大气的皇家范儿，景观设计中，树成为了观赏中心，周边延伸出广场和绿地。观赏日坛公园中的大树有三个模式：远观它的整体形状，树干的造型美；近看它的树皮纹理；然后坐在树下发呆。

四季有风景

许多居住在北京的外国人喜欢日坛公园，一是因为在市区，很方便。二是这里很北京，集中了地坛的厚实，天坛的葱翠，月坛的古典。荷花落去时杏叶会变成金灿灿的，而落叶都消失时会不期而遇绝美的雪景，就像一台微型的戏剧，一幕接一幕，四季有风景。

▲ 日坛公园拥有北京公园最缺乏的东西：细节。一是古树的种类齐全，松、柏、槐、杨、柳、杏，就好像一个北京古树的展览厅。二是公共长椅就"嵌入式"地与绿化灌木融为一体，坐在上面就好像在与别人玩捉迷藏。还有就是用灰瓦片铺就的路面，细密别致，质感独特。

在石船上喝咖啡

这里长期盘踞着睡大觉的流浪猫，爱猫的人常拎着猫粮过来喂食。荷塘边上有一家石舫咖啡，就在一艘有年代的红色石舫上面，停于湖泊中。天气好的时间，不太冷不太热的日子，临窗而坐，或者干脆坐上船头，一边喝咖啡一边办公，发呆最好，只看对面湖岸的假山和垂柳，这种体会不输于古代帝王的下午茶。

风景中的餐桌

看了一下午的日坛古树，傍晚来临，小周带我们前往一家"风景中的餐桌"。你在餐桌上看风景，而看风景的人把你也作为了风景。地点就在公园北门附近的树林中：小王府。初次来的人往往寻不到门。若在一楼户外用餐，可以看见宽阔的公园草坪，里面是奔跑嬉戏的小孩。一楼二楼均有室内座位，但最推荐二楼的户外露台。这个精巧而大美的露台就掩映在周围的老槐树中，若遇上起风，树叶的摩擦声就像现场奏乐。露台上有十多桌小桌，足够一场小型Party的举办。无论是风景、食物还是服务，都比其他分店好得多。在同等档次和价位的餐厅上很难得。

MINI TIPS

小王府

小王府在北京有多家店，档次不一。什刹海店和日坛店的景观环境最有名。若以服务排名，后者的评价要高得多。

MINI TRAVEL | SHANGHAI × BEIJING

MINI CITY GUIDE | 上海寻木，你还可以去这些地方

1 家具店

l.c.ology

位于上海。l.c.ology = i + c + ology，将名字分解，i和c来自设计师早年创立的生活馆和咖啡馆的开头字母，"ology"是设计师希望生活家居美学像"学说"一样在社会中传播。这里的木制家居，用传统手作家居的技艺，保留下木材的自然纹理，设计品既实用又简约好看。许多家居都能一物多用，设计师的奇思妙想在木料上变化出各种可能性。

2 餐厅

Calypso

位于上海。低调的Calypso餐厅随着2014年"普利兹克奖"的宣布而火热，它的设计师是本届获奖者坂茂。坂茂延续了自己的招牌式设计理念，把这家餐厅打造成为"大木屋"，就藏在香格里拉大酒店的中庭广场中。四周竹林环绕，独立的两层楼玻璃顶棚，二层挑高设计，大量运用到了自然光，整个环境简明舒适，被称作是可以"呼吸"的建筑。餐厅主打地中海菜系。

北京寻木，你还可以去这些地方

3 图书馆

篱苑书屋

位于北京。这是一座被4.5万根柴禾秆装饰起来的京城最美图书馆，背靠青山，面临碧水。设计师李晓东凭借它得到了2013年木制建筑峰会的实用建筑奖。用合成杉木板制成书架和台阶连成一体，通过高低层次区隔出不同空间。阳光透过篱笆墙洒在原木地板上，只需找个舒服的姿势就能在这尘嚣之外消磨一整天。不过场地平时出租做活动，所得收益用来维护书屋，只在周末9：00～12：00，13：30～16：00免费开放。

4 咖啡馆

CUP ONE

位于北京。在原木色的主色调中，搭配黑白绿三色，形成一个极简又现代的艺术空间。不同于传统的展示空间，Cupone在艺术氛围之中，加入了咖啡、美酒和美食的元素让人驻足。两层楼的宽敞环境，二层的环形落地窗打造出360°无敌观景台，从外至内下陷的木制结构可以办Party、沙龙等活动。曾任职于民生美术馆的店主，希望促进人与人的交流，把常规的圆桌缩小成一个个圆柱形的小木墩。

MINI TRAVEL | SHANGHAI × BEIJING

WOODWORK │ 木质风物

茶几

木窗

餐具

木马

木折扇

木盆

木壳收音机

木椅

算盘

插画 by 郭静

254

INDEX | 索引

HOTEL

璞丽酒店
Add：上海市静安区常德路1号
Tel：021-32039999

VIEW

日坛公园
Add：北京市朝阳区朝阳门外日坛北路6号
Tel：010-85622612

篱苑书屋
Add：北京市怀柔区雁栖镇交界河村智慧谷
Tel：13910105454

温榆河
Add:北京市昌平区军都山麓

SHOP

璞素
Add：上海市徐汇区常熟路188弄15号
Tel：021-34619855

设计共和
Add：上海市静安区江宁路511号
Tel：021-61767088

新都里无二
Add：上海市静安区巨鹿路803号
Tel：021-54045252

Platane
Add：上海市徐汇区武康路439号
Tel：021-64336387

半木旗舰店
Add：上海市长宁区万航渡路1384弄12号湖丝栈创意园1号楼1楼
Tel：021-61285818
61285805

失物招领
Add：北京市东城区国子监街42号、57号
Tel：010-64011855
82866599

FOOD

梵几
Add：北京市顺义区天竺格拉斯路9号榆园B1
Tel：010-84166399

l.c.ology
Add：上海市徐汇区武康路376号1楼120室
Tel：18601735918

Calypso地中海餐厅
Add：上海市静安区铜仁路静安嘉里中心南区广场
Tel：021-22038889

Mercato
Add：上海市黄浦区中山东一路3号外滩3号6楼
Tel：021-63219922

小王府
Add：北京市朝阳区日坛路日坛公园北门内
Tel：010-85615985

为人民服务
Add：北京市朝阳区三里屯西五街1号
Tel：010-84544580

Cup One
Add：北京市朝阳区望京阜安西路11号麒麟社7号楼DF203
Tel：010-53630599

MINI TRAVEL | BEIJING ╳ SHANXI

BEIJING ╳ SHANXI
佛光寺：一步之遥

一本书，一个时代，一群人与古老建筑之间的契约。一座山，一间寺，两个人短暂的两日行程。在这场隐秘独特的旅行中，北京与五台，闹市与山林，今天与晚唐，其实都只有一步之遥。

夜宿佛光寺，空气凉薄，身旁是已逾千年的唐代古木建筑，榫卯相扣，气度恢宏。抬头看，是浩渺无穷的闪烁星空。大美无言，穷尽词汇也无法描述的体验也尽在此了。

MINI TRAVEL | BEIJING × SHANXI

▲ 在佛光寺中，一定不能错过的三个观景时间：黄昏、夜晚和清晨。这是黄昏退去，夜晚来临时的东大殿，一弯清晰皎洁的月牙就在树影婆娑中露出古典的面貌。

▲ 如果要听故事，佛光寺的每一块木头或许都能说上几百年的典故。来往这里的脚步，要么怀着一种炙热，要么安享某种宁静。木头被风与灰尘自然干燥后剩下的颜色就像风尘仆仆的旅人的眼神，而龟裂的纹路就像脸上的皱纹。

时间有限的前提下，还可能拥有一场有价值的旅行吗？这是很多人的困惑。十天半月的跨国假期早已用完，身体却期待新鲜充沛的旅行能量。这个时候，一场质量上乘的微旅行就在头脑中开始酝酿。

微旅行并不会因为时间的减少而降低需求，反而它更加难得讨好。例如有这样一个略为贪心的命题：距离北京5个小时内的车程，哪个地方能满足下面的所有条件？一、很少有人知道、鲜有游客；二、自然风景要好，树要多，最好能从城市直接冲进绿肺；三、要有世界顶级的人文景观；四、这个地方最好还能提供一个最佳的阅读环境，让人手捧一本好书，与历史和大师对话。

如此刁难的问题，最后是Feibao给我们制订出了一个接近完美的方案。作为北京知名大学的教师，对他来说，科学和历史、考古、建筑不可分割。兴趣广泛，众多喜好的事物中，尤其喜欢树、木头和石头。这个周末，他要从让常人眼花缭乱的量子力学推演公式中解脱出来，带好朋友文文到这个世界级的秘境中充电。

Feibao和文文从北京开着MINI PACEMAN出发，5个小时的车程，前往离五台山50公里远的佛光寺，行程简单，目标明确，路途直接。Feibao对这条路葆有情怀，大概因为那本他随身带的书：《梁》。他知道就在77年前，通由这条路跋涉好几天，辛苦抵达的是书中的两个人：建筑师梁思成和林徽因。据说他们到达的时候是黄昏时分，在五台山附近人烟稀少的偏僻村落里第一次看到了佛光寺。衰败与破损，寂静和光辉，落日下的暮光，都在那一刻找到了重逢。尚未定义"旅行"的年代中，两位前辈内心所充盈的必然最丰沛和惊喜的旅行体验。

梁林两人寻找到佛光寺，最重要的意义在于它的存在打破了早期日本学者的断言：中国没有唐朝及其以前的木结构建筑。因此这座寺庙被梁思成称为"中国第一国宝"。它和南禅寺一同并为中国现存最古老的佛教殿堂建筑之列。这两座如此级别的文物圣地，却是门庭寥落。看门人笑叹游客"只知道五台山烧香，却不知来此处寻宝"。然而很难说，这是一种不幸还是幸运。

▲ 上图是敦煌莫高窟第61窟中的五台山"大佛光之寺"壁画，正是由于看到这个线索，梁思成、林徽因等人才推测出五台山有唐朝古建筑，并开始了寻探之路。佛光寺之所以珍贵，主要是因为它的东大殿。它的木制微缩模型现展览于国家博物馆，成为唐代建筑文化的代表之一。

DAY 1	11:00 早午餐 东隅酒店	12:00 观景 798 at cafe	14:00 驾车 在路上	17:30 游览 佛光寺	20:00 晚餐 禅寺斋菜	22:00 住宿 佛光寺
DAY 2	06:00 早餐 禅寺斋菜	07:30 休闲 佛光寺	11:30 午餐 禅寺斋菜	12:30 返程 在路上	18:30 晚餐 三里屯面馆	

CITY GUIDE *of* **BEIJING-SHANXI**

Feibao&文文

Feibao,北京知名大学的教师,每天与量子力学打交道。喜好科学、历史、考古、建筑,众多事物中,尤其喜欢树、木头和石头。文文是Feibao此行邀请的朋友

大同市

恒山

五台山

03 佛光寺

南禅寺

保阜高速

张石高速

忻州市

02 798 at cafe
01 东隅酒店
04 三里屯面馆

北京市

张涿高速
京昆高速
京石
廊涿高速
保沧高速

保定市

▲ 太古集团引进的东隅酒店，从建筑外观就显示出了它的信心和野心。在酒仙桥一带，这是鹤立鸡群的身材。设计上线条简约，内部房间略小，却五脏俱全。餐厅同样简约轻松充满活力，是东隅的一大卖点。

MINI TIPS

UCCA STORE

距东隅酒店"一步之遥"的798也有很多可逛之处。UCCA STORE里的设计师礼品已经越来越丰富，水准颇高。各大设计师的作品都在这里有寄卖。营业时间：周一至周日，10:00-18:30。

东隅酒店

瑜舍之外还有东隅

自驾长途旅行舟车劳顿，必须先吃顿好的再出发。大山子颐堤港的东隅酒店，里面的Feast餐厅是吃周末早午餐的好地方。在此之前很长一段时间，提到北京好的设计酒店只有三里屯的瑜舍可以拿出来，现在太古集团把旗下更加年轻化的酒店品牌"东隅"也引进了北京。

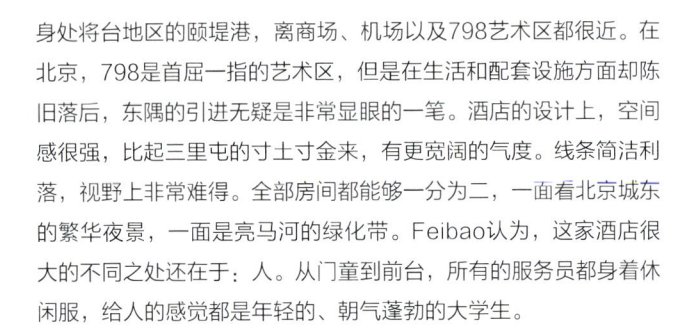

身处将台地区的颐堤港，离商场、机场以及798艺术区都很近。在北京，798是首屈一指的艺术区，但是在生活和配套设施方面却陈旧落后，东隅的引进无疑是非常显眼的一笔。酒店的设计上，空间感很强，比起三里屯的寸土寸金来，有更宽阔的气度。线条简洁利落，视野上非常难得。全部房间都能够一分为二，一面看北京城东的繁华夜景，一面是亮马河的绿化带。Feibao认为，这家酒店很大的不同之处还在于：人。从门童到前台，所有的服务员身着休闲服，给人的感觉都是年轻的、朝气蓬勃的大学生。

人们喜欢怎样的餐厅？

Feast是一家全日餐厅，在东隅酒店二层。它的周末早午餐11点半开始，价格适中的套餐包含众多前菜和一份主菜。半自助式用餐环

▲ 明亮的厨区操作间，让人对食物的洁净更有信心。用餐区无隔断，一目了然，却争取了更多透明的光线与空间。最引人注目的有头顶上方的黑棍火柴灯，造型独特，给人一种暖色调的、轻松的、明朗而愉悦的用餐氛围。

境，整体摆设不像大多西餐厅那么中规中矩，或者郑重到拘谨的程度，相反地，它这里有大量粉笔画涂鸦、有露大半台、有吧台也有可以聊天的小沙发。

一个地方吸引人前来，往往综合了众多原因。如果以一家餐厅为例，那么好的环境，空间设计、桌椅款式及其摆放位置，光线明暗，食物的美味和洁净，服务人员脸上挂着的微笑，播放的音乐，都在空中酝酿为一体，最后传到于人们的五官观感，以一种隐秘的记忆形式，影响着人们对它的评价和感知。Feibao很喜欢这家餐厅，恰恰基于以上要素的总和。

三个细节

成与败，恰恰都在细节间。细节是最高深的道理和最琐碎的坚持。Feibao向我们罗列他最喜欢这里的三个细节：一、就餐区被黑板环绕，上面写着食材的做法，家庭厨房的感觉很妙；二、沙发座椅区，棕红色的皮与实木，颜色搭配得很舒服。它们透露着一种柔软蓬松的氛围，指引你一定要坐过去。三、纸质的餐布，并不是一次性用品，它同时也是离此处不远的798尤伦斯艺术中心的近期个展预告。好看又不浪费。

▲ 餐厅环境。就餐区被黑板环绕，上面粉笔字写着食材的做法，有种家庭厨房的活力和亲近。餐垫纸也颇为周边游客考虑，大部分的人来这里都会顺便看看展览。

MINI TRAVEL | BEIJING × SHANXI

798艺术区

喝杯咖啡

一位搞艺术的人这么评价798："如今的798一面是中国当代艺术的心脏，集结了例如UCCA、林冠画廊、佩斯画廊等一批优质的画廊和展览；另一面又充斥着资本和政治，人声嘈杂。如果你说你想去那里看真正的艺术，它本身就是个最好的当代艺术品。"

798有很多咖啡店，相信每个常逛的人都有自己喜欢的几家。At café在火车头广场旁边，算是艺术区里招牌最老的咖啡店，餐垫纸上写着它们的历史，看了之后不禁觉得"大有来头"。这里也是经常偶遇名人明星之地，苏菲玛索、王菲、Paul Smith，以及国内外各大艺术家已经见惯不怪。

Feibao常来798喝咖啡，对他而言，这里是让人愉悦放松的休闲之地。每个城市都有这样一个地方。他一般会选择可以"观景"的咖啡店，尤其是在冬日的午后，阳光刚好会暖暖地打在临窗的那些座位上。静静坐着，什么都不想，就很惬意。

▲ 午餐后，来798喝一杯咖啡，为接下来的一段高速路上的旅程补充精力。

贺磊
助理策展人

现在每次去798都必去魔金石空间，画廊不大，为一些有实验精神的艺术家提供展览机会。它更像是一个可以让艺术家撒欢儿去玩儿的平台，少了一些功利性，也有很多新鲜感。798附近，Flatwhite是我经常去的一家咖啡馆，牛肉汉堡很厚。火车头广场的Ace Cafe是最近特别喜欢的地方，是英国传奇餐厅Ace Cafe London在中国的首家分店。店里面设计得像一个工业感十足的老火车站。

▶ 从繁华的街道到宽阔的高速路，从城市到旷野，从水泥建筑到草木的呼吸之间。看一辆车的背影，就知道它正在走一条义无反顾的逃离和回归之路。

▲ 瞬间开阔，大山大河，会给人带来一种氧气过剩的兴奋感。高速路之后还有坎坷地，旅途不易。这不易的旅途和颠簸最终也变成旅途记忆的金沙之一了。

在路上

5个小时，向着秘境一直走

车行线路如下：车出西南五环杜家坎收费站，从京港澳高速过涿州转向廊涿高速。西行30公里向南走上京昆高速，绕过保定城再走上保阜高速。过阜平、五台山门到耿镇出口下高速沿省道向今天这个神秘的目的地前进。

出高速后，还有接近50公里的省道山路才能抵达目的地，其间遇到排成一长列的运煤卡车也蔚为壮观。车时停时行，心情略为焦急，但是好的地方，大抵都会面临这样的矛盾。想起几十年前交通不畅的情况下，梁思成一行人如何蹒跚跋涉而至，更加佩服先辈们的勇气和决心。

山西民风淳朴，一路上所经历的建筑颇有特点。行车路上依山而建的小村庄，让人想到武侠电影中的画面。冬天的时候，树叶的遮挡变少，这个村庄会更加入画。5个小时的长途奔袭，50公里的山路之后，经过茹村和豆村两个小村庄，一条长长的延伸到半山腰的小路，把时间挡在了这个秘境的门外。目的地终于揭开了。

▲ 沿途经过的山西建筑，足以看出山西的民风淳朴，传统的建筑风格大多保持未变，有种进入电影场景的感觉。

MINI TRAVEL | BEIJING × SHANXI

▲ 佛光寺的全景被两边巨大的松树掩盖，因此看不到寺的正门，只能远远遥望到两侧翘起的檐角。佛光寺的檐角和布局都非常讲究对称，连这几棵几百年的树也都遵从了对称的美学，它们为名刹增添了几分层次递进的神秘感。

▲ 佛光寺不是传统的朝南，而是朝西。因此看得到最完整的日薄西山。东大殿地处最高位置，它殿前的平台成为了最美妙的黄昏观景台。

佛光寺
最值得拜访的寺庙

传统美学中，寺庙总与山为伴。距五台县城30公里的佛光山上，佛光寺就巍峨屹立在海拔1320米处。三山环抱，佛光寺不是传统中的朝南，而是朝西。这座气势巍峨的千年古刹，与五台山内林立的热闹寺庙相比，似乎进入了另一层静谧的时空。

传说是北魏孝文帝骑马拜游五台山时，天色将晚，忽然看见山的西面有奇异霞光，以为是文殊灵迹，便骑马寻到此处，建造了3间佛堂和僧舍，创建了最早的佛光寺。后世毁坏与重建，在历史中隐姓埋名，直到近现代，在梁思成和林徽因的探寻下终于重现面目，并成为中国最古老的一批寺庙。

佛光寺没有僧人，听不到钟鼓和诵经声，更不允许燃香火，然而你要相信，这是中国最值得拜访的寺庙之一。佛光寺是一个古代艺术的"新大陆"，除了在此惊喜地发现东大殿是盛唐时期的木质构造外，唐、金、明、清建筑齐备，梁思成激动地称其为"中国第一国宝"。他因此撰写了《记五台山佛光寺的建筑》，轰动中外建筑学界，佛光寺从此真容得现，被誉为"亚洲佛光"。

惊艳四景

这是Feibao第二次专程来佛光寺过周末。从山门开始，沿着山势修建的一层层建筑组成了寺的主体，东大殿在最高处。通往东大殿的必经之路，是37级超过60度的陡峭的台阶。抬头攀登，大殿门前的是直入云霄两棵唐代古松，自有一番盛气凌人。逛佛光寺之前，需了解这四景是惊艳和不可错过之处。

一、看木构建筑。东大殿的木结构堪称杰作。是现存规模最大、保存最完整的唐代单体建筑和现存已知唐代古垢殿堂的范例。它的殿檐探出之深，在宋之后再找不到这样的建筑。大殿梁架的最上端用了三角形的人字架，是中国现存的木结构建筑中使用时间最长的。
二、看佛坛泥塑。东大殿内有唐代彩塑30多尊。大殿西侧和后部，还有明代塑造的罗汉像296尊，千姿百态，栩栩如生，是重要的文物。 三、欣赏唐朝壁画。东大殿内槽拱眼壁存有14幅壁画，

▲ 在中国，仅存的4处唐代木结构建筑，它们奇迹般地全部位于山西，佛光寺东大殿即为其一。东大殿的屋檐挑出近4米，主要依靠宏大的斗拱承重，让斗拱完成了结构和艺术上的双重作用。这与明清仅起到装饰作用的斗拱有天壤之别。

▲ 发现佛光寺之前，日本人曾经断言，在中国已经找不到比宋、辽更加古老的木结构建筑，要认识中国的唐代建筑，只有去京都和奈良。此言所幸失效。实际上，京都和奈良古城在二战中的幸存，也与梁思成关联巨大。

MINI TRAVEL | BEIJING × SHANXI

◀ 作为一个对旅行有着高品质追求的人，Feibao希望能够把最珍贵的事物都携带身旁。于是在1000多年前的晚唐时期修建的巨大的屋檐底下，他铺上了来自土耳其的手工地毯，用来自京都的清水烧茶具，泡了一杯杭州龙井，面对夕阳和古松。夕阳把松枝的影子印在大殿的门上，也把这珍贵的红色送给了旅行人。

张捷
《人物》杂志执行主编；建筑爱好者

佛光寺是唐代建筑最典型的，它的斗拱朴实有力，出檐深远。结构上没有一处多余的。看完佛光寺再看别的朝代的建筑，会有太糟糕的感觉，大部分都有很多琐碎的装饰。记得上次去佛光寺是一个春夏之交的傍晚，看见暖色的光线一点点，慢慢地走过它的大殿和出檐，我和朋友们分散在大殿外那片平地的不同角落，安静地待着，觉得很美好。

▲ 地图上蓝色的点，是佛光寺进入山门之后的院子的正中心点，在这里欣赏东大殿无疑是最能观看整体建筑之美的落脚点。

其中唐代壁画是众菩萨图。庄严的佛像和衣带飘动的塑形，是典型的唐画风韵。四、看各朝代的留笔。殿内梁下有唐人墨迹，大门背后和门框立枋上有多处唐、五代、金及明、清的题记数十处，均为游佛光寺留笔。这些题记墨迹清晰，有极高的观赏和记事价值。

晨，昏，与一本书

来佛光寺享受晨昏，如果只能带一本书，那就是《梁》。在这样的氛围中与大师梁思成对话，阅读梁、林两位先生与大殿的渊源，与有荣焉。Feibao随身带着一块土耳其地毯，他铺在佛光寺东大殿的门外，一壶茶，一本书，晨钟暮鼓，端坐其中。这种景致和氛围不可能在别处获得。

古刹之前，书中的记录句句令人感慨："我们进入了佛光寺的山门。这座宏伟巨刹建于山麓的高大台基上，门前大天井环立古松二十余株。殿仅一层，斗拱巨大、有力、简单，出檐深远。随意一瞥，其极古立辨。"

"我们怀着兴奋与难耐的猜想，越过巨大山门，步入大殿。殿面阔七楹，昏暗的室内令人印象非常深刻……尽管最近的'翻新'把整个神像群涂上了鲜亮的油彩，它们却无疑是晚唐的作品，一眼就可看出他们极其类似敦煌石窟的塑像。我们分析，如果面前这些塑像是幸存的唐代泥塑，则其头顶的建筑就只可能是唐代原构。"

"我们的旅途本身同样是心情沉浮不可期的探险。身体的苦楚被视作当然，我们常在无比迷人而快乐的难忘经历中锐感快意。旅途常像古怪的、拖长了的野餐，遇到滑稽而惨痛的麻烦时，既惶急无比，又乐不可支。"

268

▲ 梁思成在多年前就为后人总结了佛光寺不可错过的景致："经年搜求中，这是我们至今所遇唯一的唐代木构建筑。不仅如此，在同一座大殿里，我们同时发现了唐代的绘画、唐代的书法、唐代的雕塑和唐代的建筑。此四者一已称绝，而四艺给予一殿更属海内无双。我最重要的发现当是此处。"

▲ 从夕阳落山到暮霭沉沉，再到更深露重，繁星漫天。夜过之后，凌晨白光微至，清早空气新鲜逼人，人从寂静的禅房中第一道阳光中醒来，一刻一景，这里似乎演绎着一个隐居者宁静充实的另一个人生。

夜晚，与星空对视

从下午开始，数次登上东大殿，在不同的光线之中，收纳眼中尽是不重复的景色。想一些什么？做一些什么？似乎全没必要。只需要静静看着夕阳如何下落，光线在如何不可挽回地逝去，演绎着难以重现的美。

直到暮色的深蓝全然降临，从厢房照射过来的微弱的光线让松枝把影子投射在东大殿的木门上，忽然想起那首古诗："疏影横斜水清浅，暗香浮动月黄昏。"这时候抬头望，猛然发现整个天幕都是闪烁的群星，就像魔术一般被掀开帷幕。情与景惊艳得令人错愕。Feibao不舍得离开，涂上驱蚊水，躺在东大殿的屋檐下、枕着古董地毯，久久仰望着那片与世隔绝的星空。不知道当年梁思成是否也这样看过佛光寺的夜景？

清晨佛光

起了个大早，清晨7点的空气特别好，远处的群山清晰可见。和寺院内历经千年的唐代石刻经幢一起，旅行者们又迎来了一个日出。不敢浪费时间，继续阅读，享受属于自己的清静时刻。上午10点，陆续有游客出现，天空飘起了雨，佛光寺庭院中的草木茂盛自在，又进入了一种柔和的景致之中。再回看大殿及山门，巍峨古色让人不禁想象冬天和雪后，这里的禅寂是否更胜于日本京都？

MINI TIPS

厢房与斋菜

寺内提供简单的餐食，和员工一同享用。不知道是不是因为远离都市，一切都随纯粹之意。小菜、粥、馒头，粗茶淡饭却别样美味。寺内含一个四合小院，能接待十来个客人入住，都是简朴却干净的厢房。这样的食宿，也是与古人比肩。

▲ 同样是5个小时，途经了无数辆壮观的运煤大车，千年佛光寺已逐渐消失于身后。和来的时候不同，归程更容易陷入沉思。旅行的意义似乎就在这牵挂与思考之中呈现：逃离总是为了更好地归来。

刘华
资深创意策划人

最早只有混迹三里屯多年的老炮们知道这家店，否则看得见招牌找不到门。当年的面，是一碗一碗下的，极其筋道。不放味精不放盐，关键是料好，要茄子面还是土豆肉丝面？现炒！热腾腾的上来，鲜美的菜汁跟面条一混，瞬间吃出幸福感。一碗精心制作的面条，让多少京漂的枯燥生活多了鲜活的味道。后来，一起吃面的朋友，结婚了、离京了，或者老得喝不动酒了。再后来，面馆生意越来越好，开了二店。面也不再一碗一碗煮了，依然好吃，但少了当初的味道。

三里屯面馆
名气与面积成反比

回北京第一件事，Feibao径直来到另外一个私家收藏：乐乐的三里屯小面馆。一家隐匿在三里屯太古里西侧这条短短100多米的巷子2楼的超级面馆。据说，是某个名人有一次来这里吃面，吃完后发了篇微博，被姚晨等大咖明星相继转发，于是异常火爆。Feibao也是从微博上发现这家面馆，之后成了常客。

酒香不怕巷子深。按老板乐乐的说法是："一次来找不到，二次来不好找，三次来过再也忘不掉。"面馆的入门在错综复杂的太古里背面小街，一栋居民楼里。进了门，先要经过狭小的厨房和逼仄的空间，进去之后会发现油烟之中，十几个位置完全被占据！这里不能等位，只要超过3个人，厨师就彻底没地方待了。好不容易排上了，却没有独立的座位，通常是陌生人拼桌坐在一起。然后通常一碗面下肚，几乎所有人都露出了饱足感：值得了。

▲ 生意太好，排队是常事。食客需要在墙上按顺序留下自己的手机号，然后离开，等待店家的召唤再回来。这里完全没有等位的空间。

▲ 三里屯面馆对自己食材的严选很自信，据说面里不放酱油、味精和盐，而是使用如海鲜汁鲍鱼汁鸡汤等调制出酱汁。

MINI CITY GUIDE | 这条路线，你还可以去这些地方

1 | 餐厅
那家小馆

当不了皇帝，但在那家小馆你仍然能过把皇帝瘾。餐厅主人祖上是皇太极御医，因调配药膳和御厨熟络，一来二去将宫廷御膳世代流传下来。金字招牌皇坛子和秘制酥皮虾，用的是那家独门秘方。中式的装修，天井的设计。所谓"小歇让您开胃，大歇让您开心"，排队是常态，八仙椅、京味点心，还有八哥陪聊，周到的配备让排队也变得有趣。除了798这家店，北京共有5家分店可以就近选择。

2 | 景点
南禅寺

距离梁思成发现的佛光寺只50公里，就是比它还老75岁的南禅寺，我国年纪最大的木构建筑。中国人爱热闹，因位置稍偏，反让这成了清幽古朴，又鲜有游人的五台山秘境。识货的游客分两类，要么是喜爱古文物的外国人，要么是古建筑研究学者。一千多年来的风雨飘摇，南禅寺唐风依旧，足见盛唐精湛的建筑技术。大殿内原有17座唐塑佛像，被盗走两尊后，剩下的15座依然体态丰腴，灵动传神。

3 商店

Moleskine

圆形书角、橡皮筋箍环、长方形黑色笔记本是它的身份象征。两个世纪前，凡·高、毕加索、海明威等前卫艺术家都爱它。今天的Moleskine笔记本继承了经典的外形，仍然是全球先锋创意人的最爱。低调外表下，每一个工艺都经得起推敲，细处见完美。颐堤港这家Moleskine靠近798艺术创意园，逛完艺术展，不妨买个文艺的本子记录旅行中的点滴灵感。北京的另一家店在三里屯，是全球首家概念店。

4 演出

《又见平遥》

张艺谋的"印象系列"已经深入人心，在山西平遥，也有一场大型情景演出剧《又见平遥》。与其他城市"印象"系列中要用到山水实景不同，《又见平遥》把演出空间挪到了室内，迷宫般的剧场有着繁复的空间分割，90分钟的时间里，观众可以选择A、B两条路线，步行穿越到两种不同的情景中，从中看到清末的平遥城：镖局、赵家大院、街市、南门广场等，观众有时是看客，有时又是亲历者。

MINI TRAVEL | BEIJING × SHANXI

SHANXI LABEL | 山西风物

刀削面

应县木塔

陈醋

民间剪纸

汾酒

云冈石窟

五台山

平遥牛肉

乔家大院

插画 by 郭静

274

INDEX | 索引

HOTEL

东隅酒店
Add：北京市朝阳区酒仙桥路22号
Tel：010-84260888

五台山栖贤阁迎宾馆
Add：山西省忻州市五台县台怀镇杨柏峪村
Tel：0350-6599999

VIEW

佛光寺
Add：山西省忻州市五台县佛光新村

南禅寺
Add：山西省忻州市五台县阳白乡李家庄
Tel：0350-6565113

边靖楼
Add：山西省忻州市代县鼓楼后街

魔金石空间
Add：北京市朝阳区酒仙桥路2号798艺术区798东街
Tel：010-58405117

林冠画廊
Add：北京市朝阳区酒仙桥路2号798艺术区内
Tel：010-59789316

佩斯画廊
Add：北京市朝阳区酒仙桥路2号798艺术区内
Tel：010-5978 9781

《又见平遥》
Add：山西省平遥县顺城路154号
Tel：0354-5868226

FOOD

Feast
Add：北京市朝阳区酒仙桥路22号东隅酒店2楼
Tel：010-84149820

at Cafe
Add：北京市朝阳区酒仙桥路4号798艺术区内
Tel：010-59789942

那家小馆
Add：北京市朝阳区酒仙桥北路2号（酒仙桥店）
Tel：010-59789333

Cafe Flatwhite
Add：北京市朝阳区酒仙桥路4号798艺术区内（798店）
Tel：010-64322798

Ace Cafe
Add：北京市朝阳区酒仙桥路4号798艺术区内
Tel：010-84567989

三里屯面馆
Add：北京市朝阳区三里屯北路3.3商场5楼5007室
Tel：010-51365108

SHOP

UCCA STORE
Add：北京市朝阳区酒仙桥路4号798艺术区尤伦斯当代艺术中心内
Tel：010-86108844

Moleskine
Add：北京市朝阳区酒仙桥路18号颐堤港商场一层132店铺（颐堤港店）
Tel：010-84260728

Add：北京市朝阳区三里屯路19号三里屯太古里南区S2-12（三里屯店）
Tel：010-64130815

图书在版编目（CIP）数据

秘境：城市微旅行 / MINI中国主编. — 北京：北京美术摄影出版社，2014.9

ISBN 978-7-80501-693-1

Ⅰ. ①秘… Ⅱ. ①M… Ⅲ. ①城市旅游—旅游指南—中国 Ⅳ. ①K928.9

中国版本图书馆CIP数据核字（2014）第192303号

责任编辑	董维东
助理编辑	苑　美
责任印制	彭军芳

秘境：城市微旅行
MIJING:CHENGSHI WEILÜXING
MINI中国　主编

出　版	北京出版集团公司
	北京美术摄影出版社
地　址	北京北三环中路6号
邮　编	100120
网　址	www.bph.com.cn
总发行	北京出版集团公司
发　行	京版北美（北京）文化艺术传媒有限公司
经　销	新华书店
印　刷	中华商务联合印刷（广东）有限公司
版　次	2014年9月第1版第1次印刷
开　本	710毫米 × 990毫米　1/16
印　张	17.5
字　数	200千字
书　号	ISBN 978-7-80501-693-1
定　价	49.00元
质量监督电话	010-58572393

CLOSE
THE
BOOK

START
YOUR
TRAVEL

合 上 书 , 开 启 你 的 城 市 微 旅 行 。

扫描此二维码,有更多惊喜等待着您。